国家社科基金资助项目
上海市学校心理健康教育名师孙时进工作室

与孩子同成长 文库

孙时进　丁敬耘◎丛书主编

心理学教你做父母❷

小学生家庭教育指导

杨　颖　陈德隽　张琪娜◎主编

SPM
南方出版传媒
全国优秀出版社
全国百佳图书出版单位　广东教育出版社

·广州·

图书在版编目（CIP）数据

心理学教你做父母2：小学生家庭教育指导／杨颎，陈德隽，张琪娜主编．—广州：广东教育出版社，2020.1

（与孩子同成长文库／孙时进，丁敬耘主编）

ISBN 978-7-5548-2496-2

Ⅰ．①心… Ⅱ．①杨… ②陈… ③张… Ⅲ．①小学生—家庭教育 Ⅳ．①G782

中国版本图书馆CIP数据核字（2018）第203579号

责任编辑：陈定犬　李　慧
责任技编：杨启承
版式设计：友间文化
封面设计：尚世视觉

心理学教你做父母2：小学生家庭教育指导
XINLIXUE JIAO NI ZUO FUMU2：XIAOXUESHENG JIATING JIAOYU ZHIDAO

广东教育出版社出版发行
（广州市环市东路472号12-15楼）
邮政编码：510075
网址：http://www.gjs.cn
广东新华发行集团股份有限公司经销
广州市一丰印刷有限公司
（广州市增城区新塘镇民营西一路5号）
787毫米×1092毫米　16开本　14.5印张　226千字
2020年1月第1版　2020年1月第1次印刷
ISBN 978-7-5548-2496-2
定价：45.00元

质量监督电话：020-87613102　邮箱：gjs-quality@nfcb.com.cn
购书咨询电话：020-87615809

"与孩子同成长文库"丛书编委会

主　编：孙时进　丁敬耘

策　划：胡瑞顺

编　委：（以姓氏笔画为序）

　　　　王维红　刘明波　杨　颎　沈俊佳　张　静
　　　　张晓冬　张琪娜　陈德隽　金　莉　姚玉红
　　　　钱　捷

本书编委会

本书主编：杨　颎　陈德隽　张琪娜

本书编写人员（以姓氏笔画为序）

　　　　王　晓　毛剑玲　朱利萍　刘月英　孙　妮
　　　　孙　群　张　敏　张石筠　张琪娜　汪邵飞
　　　　沈芝瑾　陈继红　陈德隽　金黎宏　胡　洁
　　　　胡　菁　洪　俊　姚琳姬　秦　美　钱　茵
　　　　钱　萌　徐　晶　曹晔梦　盛秋蓉　章学云
　　　　章笠越　温丽娟　詹　雯　褚雯黎

倾听内心的声音

在开始阅读本书之前,
和您的孩子好好聊聊,
将小学阶段的孩子对生活和学习的困惑写下来:

_____

_____

作为家长,面对进入规律学习生活的孩子,
您自己的困惑或感悟又有哪些呢?
记下来,在阅读的过程中时常回头想想。

_____

_____

总序
与孩子一起成长

家庭教育最关键最重要的方法与路径，就是学会与孩子一起成长。父母好好学习，孩子天天向上。没有父母的成长，永远也不会有孩子的成长。

长期以来，我们都把成长看成是孩子的事情，其实不然。成长是父母与孩子共同的事情，是父母与孩子必须共同面对的问题。

首先，成长是人生重要的使命。长期以来，我们往往把成长看成是一个阶段性的任务，把成长视为仅仅在学校里才能完成的任务，而一旦离开学校，就可以不再阅读、不再学习、不再成长了。其实，这也是我们教育的最大失败，因为成长本身也是一种习惯、一种能力。生命不息，成长不止，才是一个人生命最美的姿态。成长，仍然是每个父母重要的使命。儿童的许多问题其实是大人造成的。善于教育的大人，往往是善于向儿童学习的人。

其次，父母是孩子成长的楷模。孩子是最伟大的观察家，他们一直在观察着大人的行为，考量着父母的举动。所以，父母应该努力成长，并且成为孩子的成长榜样。

再次，一起成长才能更好地成长。一个人走可以走得很快，

一群人走才能走得更远。其实,家庭成员的成长也是如此。父母仅仅满足于自己的成长是不够的,甚至仅仅用自身的成长故事、成长榜样影响孩子也是不够的。成长有一个共作效应,有一个生命的成长场。父母与孩子一起阅读,与孩子一起锻炼健身,与孩子一起郊游走进大自然,与孩子一起参观博物馆,不仅仅能够让孩子拓宽视野、增强体质,自己也会收获满满。

父母与孩子,在成长的过程中完全是互动的关系。父母的成长会带动孩子的成长,孩子的成长也会促进父母的成长。过去我们说,强将手下无弱兵,其实优秀的父母也往往更容易培养出优秀的孩子。反过来,优秀的孩子也会推动父母成为更优秀的父母。

为了帮助父母更好地成长,复旦大学的孙时进教授召集了心理学、教育学一线的精兵强将,投入了大量的时间与精力,编写了这套很有特点的父母读本。这套丛书,立足于孩子的发展,通过案例呈现、专家分析、教育建议、知识拓展等环节,从父母的视角,支持孩子有效应对成长过程中的典型议题,如幼升小、青春期、学习状态起伏等。

这套教材是最大特点是运用心理学原理来分析儿童成长的各种问题与教育对策。主编孙时进是我国著名的社会心理学家,长期在高校从事临床心理学研究,具有良好的理论素养和丰富的实践经验。主编丁敬耘博士是我的学生,不仅在复旦大学从事心理咨询工作,而且开设了"新教育实验"的选修课程,对心理学知识在教育尤其是家庭教育方面的运用颇有心得。他们运用发展心理学的知识,聚焦家庭这个最小的社会单位,对不同年龄阶段的家庭教育提出了指导意见与建议。本丛书是一套可读性、实用性很强的家庭教育读物。

希望父母们通过阅读这套书,更好地了解孩子,理解孩子,学会正确地爱孩子,科学地指导孩子,与孩子一同过一种幸福完整的教育生活。

朱永新

2019年1月18日写于北京滴石斋

前言
家校合力,助力孩子成长

当孩子呱呱落地的那天起,我们便多了个新的身份——父母。看着怀里小小的人儿,我们心中有着满满的责任感,暗暗发誓一定要让孩子健康快乐地成长,拥有一个幸福美好的人生。

可养儿的过程注定艰辛且漫长,作为新手爸妈,虽然有着家人的帮助,但在教育孩子过程中依旧属于"一边摸着石头一边小心翼翼地过河"。随着时间的推移,孩子渐渐长大,紧接着进入小学,孩子们该如何学习好、生活好、与伙伴、老师相处好呢?层出不穷的牛娃虎妈故事又给家长们增添了不少焦虑和担心,作为父母该如何帮助孩子顺利度过小学阶段?或许家长朋友们可以在这本书找到答案或受到启发。

本书的作者大多数是小学教育教学一线的优秀班主任,他们围绕小学阶段孩子健康成长的关键词"心态、习惯、性格、品格",家庭教育的核心词"方法策略使用、困惑难点化解、毕业升学规划",与读者分享对孩子健康成长的思考以及对家庭教育

的理解。

在编辑此书的时候,我们认识到:在孩子们的成长环境中,最核心的是家庭,其次是学校和社会,只有把家庭——学校——社会三种资源力量都凝聚成育人合力,学生的健康成长才能获得可靠而持续的保证。对于家庭来说,家长要主动承担教育孩子的主要责任,定期主动与老师联系,了解自己孩子在学校的表现和感受,了解学校的近况,这有利于家校目标一致和行动有效。对于学校而言,有一支师德高尚的教师团队,有一股家长与教师之间爱与信任的力量,有一个个智慧解决家教困惑的金点子,一定能为孩子的成长助力。对于社会而言,在互联网信息化高速发展时代,更要积极弘扬社会主义核心价值观,宣传优秀家庭教育案例,助推温馨、和谐家庭氛围的形成。

家庭、学校、社会在一起,为孩子的成长保驾护航。相依相偎,彼此有爱温暖美好;相依相偎,彼此有缘守望相助;相依相偎,彼此有情勇敢向前……健康、快乐就会围绕着我们。

目 录

Part 1　帮助孩子摆正心态　/ 1

01　今年孩子上小学　/ 2
02　开开心心上学去　/ 5
03　如何让孩子对学习更有兴趣？　/ 8
04　我晕，又要考试了！
　　　——孩子考试紧张怎么办　/ 12
05　抬起你自信的眼睛　/ 15
06　与孩子的老师合作　/ 18
07　让我静会儿吧　/ 22
08　让人心跳加速的小学毕业季　/ 25

Part 2　帮助孩子养成良好的习惯　/ 29

01　妈妈的小帮手　/ 30
02　自己的事情自己做
　　　——学会整理自己的学习用品　/ 33
03　你还在为孩子写作业拖拉抓狂吗？　/ 36
04　改掉丢三落四的坏习惯　/ 40
05　良好的学习习惯必须得家长陪出来吗？　/ 43

06 奶奶帮你做
　　——如何培养孩子的动手能力 / 47

07 擦亮心窗，看见美好
　　——如何科学用眼 / 51

08 做作业是孩子自己的事
　　——如何陪孩子做作业 / 55

09 做时间的主人
　　——怎样培养孩子的时间观念？/ 59

10 如何让孩子养成爱读书的习惯？/ 62

11 此"多动"非彼"多动" / 65

12 "粗心"真的是个问题 / 68

13 "大假光临"，一起走过 / 71

14 "零起点"与"零准备" / 74

15 让运动成为生活的一部分 / 77

16 让"奖牌"与"关爱"共存 / 81

17 习惯是"陪"养出来的！/ 84

Part 3　帮助孩子养成良好的性格　/ 87

01 家有"变色龙" / 88

02 找回那个友善的你
　　——应对孩子的校园攻击性行为 / 91

03 "开心果"养成记 / 97

04 外向也当"适可而止" / 100

04 放开你的手，还男孩本色 / 103

06 胆小的优等生 / 106

07 别让孩子迷失在被孤立中 / 109

目 录

Part 4　帮助孩子养成良好品格　/ 113

01　妈妈，我和小朋友吵架了　/ 114
02　被"绑架"的小女孩
　　——孩子说谎怎么办？　/ 117
03　孩子的问题，责任归谁？　/ 121
04　打造自己的微信群形象　/ 125
05　老师和家长意见有冲突了，怎么办？　/ 128
06　不受人欺负的上上策　/ 132
07　稳定的三角关系　/ 135
08　告别"如约而至"的肚疼　/ 138
09　"富养"女儿学问多　/ 141

Part 5　帮助孩子抵制诱惑　/ 145

01　远离"毒蛇猛兽"
　　——网络游戏　/ 146
02　乐享电子产品不烦恼　/ 149
03　接受孩子的"坏"朋友　/ 152

Part 6　成长中遇到的问题　/ 157

01　含苞欲放
　　——身体早熟的孩子，怎么给TA更多的帮助　/ 158
02　请为女孩贺初潮　/ 161
03　男孩变声的烦恼　/ 165
04　爱的悸动　/ 169

Part 7　教育方法　/ 173

01　鱼和熊掌可兼得
　　——如何兼顾学习和培养特长　/ 174

02　父母角色扮演中的"大智慧"　/ 178

03　你爱我还是爱分数？　/ 181

04　"乖宝宝"变成了"愤怒宝宝"　/ 184

05　批评与表扬的艺术　/ 187

06　第一张名片　/ 191

07　用心陪着孩子一起成长　/ 195

08　准备好了吗？
　　——老师要来家访了　/ 198

Part 8　如何帮孩子进行人生规划　/ 201

01　我毕业啦！
　　——毕业后那个暑假，家长们可以做些什么　/ 202

02　初心不改
　　——小升初的择校都需要做哪些准备　/ 206

03　寄宿学校选不选　/ 209

04　民办初中
　　——让人欢喜让人忧　/ 213

05　适合的才是最好的
　　——如何选择孩子的兴趣班　/ 217

Part 1
帮助孩子摆正心态

> 我们展现在别人面前，打动、吸引甚至催眠人们的魅力，往往是我们自身魅力的潜藏部分，就像埋在地底的磁石——这就是自信。

01
今年孩子上小学

步入小学,是孩子一个重要的转折期,也就是我们现在常说的"幼小衔接"。学习阶段的衔接分四个部分:低幼衔接,小中衔接,初高衔接,高大衔接。在这几个衔接中,现在最薄弱的一环就是幼小衔接。幼小衔接进行得顺利,孩子的人际交往能力、学习能力就强,这就是低幼衔接工作的重要性。

故事分享

阳阳进小学读书了,可是一个星期下来,每天回家哭鼻子,与父母说上学的不开心。有一次下课的时候,他独自站在走廊的窗口前,蹙着双眉,望着窗外,眼泪扑簌簌地掉落下来。班主任老师关切地问他:"阳阳,你怎么啦?"阳阳拉着老师的手伤心地说:"老师,我不知道小学跟幼儿园是不一样的,我觉得一点也不开心!幼儿园的每个地方我都去过。在幼儿园的时候,所有的人都认识我。上小学了,没有人跟我说话,没有人跟我玩。"阳阳越说越伤心,"我不喜欢上学。"

点滴感悟

孩子马上进入小学了,我们家长该做什么样的准备呢?一年级重点培养孩子哪些习惯?孩子进入小学后能不能适应?小学的要求到底是怎样的?

首先,我们要知道小学和幼儿园有什么不同。

一、作息制度和教学目的不一样。孩子在幼儿园,基本是保育和教育相结合,甚至是保育为主,教授知识为辅,因为孩子小,更多的是需要身心的呵护和健康地成长;小学则以教授知识为主,保育方面很少,甚至是几乎没有的。

二、学习方法和内容不一样。幼儿园是以动手和游戏为主,小学是以讲述和板书为主。

三、自理能力的要求不一样。在幼儿园即使孩子自理能力差点,也有老师照顾。但进入小学后,不会再有生活老师。在小学里许多日常生活的事,需要孩子们自己感知和自我解决,比如根据天气的冷热自己穿脱衣服。

温馨贴士

一、心理上的准备

1. 带孩子去小学看看。告诉孩子,这是他将要上学的地方,让孩子对未来的学习环境有所了解,接纳并喜欢学校。

2. 学会和老师以及小伙伴交朋友。一年级接班的老师都会在暑假里对一年级新生全面家访。老师家访时,家长要告诉孩子,老师是教他知识的人,也是他的好朋友,要在孩子心目中树立起老师亲切、和蔼的形象。告诉孩子进入小学后,他会交到很多新朋友,使孩子向往小学生活。

二、生活习惯上的准备

1. 幼儿园小朋友都有午睡的习惯。在小学里,一般没有安排午

睡。所以在暑假里，每天下午家长可以让孩子游戏、画画、看电视等，让孩子慢慢适应没有午睡的作息。

2. 学会管理好自己的东西。要嘱咐孩子管理好自己的衣物、学习用品，可以让孩子练习整理自己的小书包等。

三、学习能力的培养

1. 多给孩子讲故事，让孩子学会倾听，并会复述小故事。

2. 人体各器官在大脑皮层中都有它对应的区域，即管辖它的神经中枢，而指挥手指运动的神经中枢在大脑皮层中所占的区域最广。孩子多动手进行锻炼，动作越复杂，就越能刺激大脑皮层相应运动区域的生理活动，从而使思维活动的能力加强。我们可以训练孩子用筷子吃饭，用筷子夹弹珠。

3. 带孩子观察大自然，与社会接触，开阔孩子眼界，丰富知识。

作为家长，应该赋予孩子一定的自主权，即大胆放手让孩子自己做主，干好自己的事，要相信孩子的能力。例如，平时孩子的穿衣和吃饭，就应该由孩子自己动手，自己系鞋带，自己拧水壶盖子，自己整理小书包等。现在就要不断地给孩子灌输自己的事情尽量自己解决，不要麻烦别人，实在解决不了再求助的观念。祝愿各位家长的孩子们能在幼小衔接中来个华丽的转身。

（上海市杨浦区打虎山路第一小学　沈芝瑾）

02
开开心心上学去

一眨眼，小朋友就到了7岁这个入学的年纪了。在刚刚踏入小学时，有的小朋友会吵着、闹着，不愿意去学校，有的小朋友会经常出现拉肚子、头疼等身体情况，不能去学校学习。面对小朋友初入学碰到的新情况，爸爸妈妈应该怎么办呢？

故事分享

"宝贝，快起床了，已经7点多了！再不起床就要迟到啦！"一大早，奇奇妈妈就走到奇奇的床边。

"妈妈，我头疼，很不舒服，要不我不去学校了吧。"奇奇躺在床上，皱着眉头。

妈妈见状，颇为着急："昨天你也是肚子疼，没去学校，在家休息了一天。妈妈带你去医院检查，医生说你身体也没什么问题呀！你才刚刚上小学，怎么老是不舒服呢？"

"妈妈，我头疼，很难受！让我再休息一天吧！"奇奇回答道。

"哎，你这孩子……"

点滴感悟

小孩子刚刚进入小学,周围的环境发生了很多变化:他们要认识新的学校、新的老师、新的伙伴,他们要面对新的课程、新的规则、新的作业、新的学习内容……这一切对刚刚离开幼儿园,踏入小学的小孩子来说都是没有经历过的。

在生理上,孩子要接受新的生物钟。更为重要的是,他们在心理上要适应好这一新的环境。刚开始的时候,孩子可能会出现种种不适应的情况,如拉肚子、头晕头疼,甚至低热,这样的现象都是孩子对新的环境存在恐惧心理而产生的躯体反应。当孩子适应了环境后,这些反应就会随着孩子的成长逐渐消失。孩子的适应期一般为二个月。

温馨贴士

一、孩子的事情多理解

小孩子们刚刚入学,出现不适应的情况是很正常的。不管是身体的不适应,还是心理的原因,作为爸爸妈妈,要多理解小孩子的心情。当孩子向爸爸妈妈抱怨,不愿意去学校时,爸爸妈妈首先要对孩子的感受表示理解:"你换了一个新的学习环境,我知道,你的身体很不舒服。"然后再温柔地"拒绝"孩子:"宝贝,你看这样行不行?你尝试着去学校上课,如果你在学校里还是不舒服,我们再接你回家。如果你这样做了,爸爸妈妈会觉得你特别勇敢!"

二、自己的事情自己做

孩子进入小学,换了一个环境,之前能够依赖的好朋友、老师都不能陪伴在孩子旁边了。那么,培养小孩子的独立能力就非常重要了。在孩子入小学之前,可以尝试着让孩子自己去楼下倒垃圾、自己去楼下的超市买小东西等等，在这些活动中逐渐培养小孩子独立自主的能力。

三、学校的事情回家说

孩子刚刚进入小学，爸爸妈妈可以主动地关心一下孩子在学校里的生活："宝贝，今天你在学校里认识了一个新的好朋友呀！真棒！""宝贝，今天上课老师还表扬你啦？你看，你在学校里不仅能学到很多知识，老师还很喜欢你，很关注你呢！"在表达自己的看法时，将一些积极的情绪带给孩子。要注意的是，不要给孩子一些暗示性的问题，如："在学校老师对你好不好？你有没有跟其他小朋友吵架？"

在孩子成长过程中，到一个新的环境，会出现种种不适应的情况，这些都是非常正常的现象。爸爸妈妈要及时了解孩子的在校生活，关注孩子情绪的变化，给孩子关心、支持和鼓励，相信孩子会更好地成长起来！

（上海市杨浦区打虎山路第一小学　曹晔梦）

03
如何让孩子对学习更有兴趣？

常常有些家长反映自己的孩子在学习上有这些情况：催一下，动一下，不催不动；写作业时总是碰下这个，摸下那个，无法将注意力集中在作业上；直接对作业说不，对家长的唠叨很反感、烦躁；已经很努力地学习，却收效甚微，因此非常受挫，影响学习的积极性。有什么方法可以让孩子对学习更感兴趣，这成了家长们非常关心的问题。

故事分享

小王现读四年级，一、二年级时学习成绩良好，作业按时完成，进入三年级后学习成绩略有下降，可如今进入四年级后成绩下降明显，变得不爱学习，贪玩，作业常常漏做甚至不做。小王妈妈对小王的学习管理非常上心，每天还放弃自己的休息时间陪孩子做作业，可情况就是不见好转。她哄也哄了，骂也骂了，甚至打也打了，可是收效甚微。为此，妈妈又急又气，无所适从，非常苦恼。

Part 1　帮助孩子摆正心态

点滴感悟

孩子学习不用心，关键是对学习没有兴趣。出现这种现象，主要有四个原因：一是自控能力差、精神不集中，表现为上课时或者做作业时孩子脑子里杂事儿太多、与学习无关的事情想得多，常常走神；二是学习压力大、消极不自信，表现为随着年级升高孩子在学习上经常碰钉子，难题不会做，考试成绩不理想，孩子精神上受到了打击，渐渐对这门学科产生了抗拒心理；三是方法不正确、行为习惯差，表现为学习上占用的时间不少，但学习效果不佳，如催一下，动一下，不催不动，写作业时总是碰下这个，摸下那个，无法集中注意力在作业上，事倍功半；四是家长态度不当，表现为对待孩子的学习问题要么没有时间管，要么事无巨细样样都管，把孩子管得喘不过气，使孩子对家长的唠叨很反感、烦躁，引起孩子对学习的逆反心理。

温馨贴士

那么，如何让孩子对学习更有兴趣呢？我们可以这样做：

一、营造好环境

父母需要营造一个有利于集中注意力的家庭学习环境。孩子的书桌上，只能放与学习有关的书本、文具用品，不可摆放玩具、食品，更不能有电视机、电话等。父母也尽可能不在孩子学习时进进出出，大声干扰。此外，室内的光线适度柔和也有助于孩子集中注意力。

二、增强自信心

要让孩子感到他是很棒的，学习成绩不好，只是因为学习没有用心或者方法不当，如果学习用心或方法得当，孩子一定会成为班中的强者。可以通过加强引导，使孩子在某一方面出类拔萃，然后"以

点带面",使孩子提高学习兴趣。比如,可以让孩子做难题,通过做难题,开阔孩子的思路,使其得到同学们的赞赏,其自信心也就增强了。再如,让孩子背古诗文、讲名人故事等,既能丰富孩子的知识,又能让孩子在同学面前"露一手",让孩子获得成功的感受。在同学面前常常有出色的表现,孩子也就知道了背后用功的乐趣,就会对学习产生兴趣。

三、掌握好方法

教会孩子利用一切机会把学习这件事情做好。比如,鼓励孩子上课时注意力集中,朗读时声音清楚,发言时大胆表达,写作业字迹工整,考试时做题全对,有缺点马上就改等。同时注意巧妙地把学习中的竞争有机渗透到孩子的生活、娱乐中去,并让孩子养成玩的时候尽情地玩,学的时候认真地学的习惯,全方位提高孩子的学习能力。

四、发挥好榜样作用

作为家长,要多表扬鼓励,少指责打骂。孩子都有自尊心,当孩子的点滴成绩被大家认可时,自信心会大大增加,自然而然地学习兴趣也会大大被激发。家长不要放过每个可以表扬的机会,当孩子取得一点成绩后要让他感受到成功的喜悦,要让他知道成功是多么快乐,于是他下次会照样去做的。这种温和的表扬方式很容易被孩子接受,孩子也不会因一次成绩不好而失去学习兴趣。

人们常说:"兴趣是最好的老师。"确实如此,孩子一旦有了学习兴趣,在学习过程中就能自觉地克服困难,活跃思维,促进学习活动有效地开展。但家长在培养孩子的学习兴趣时,一定要有耐心,因为孩子的心智发展还不够成熟,稳定性不够,多好动爱玩,所以不要急于求成,以避免造成反作用。因此，我们家长应该在激发、培养孩子的学习兴趣上多下功夫，让我们的孩子学得愉快、学有收获。

（上海市第六师范学校第二附属小学　盛秋蓉）

04
我晕,又要考试了!
——孩子考试紧张怎么办

调查表明,在紧张的学习生活中,有一部分学生难以适应考试带来的压力,这些压力有的来自过高的自我期待,有的来自过多的失败担忧,还有些来自家长的焦虑。如何引导孩子和家长正确应对考试、改善考试紧张的心理,成了广大家长非常关注的问题。

故事分享

四年级的小王平时学习成绩还不错,作业和考查的成绩也都是优和良,但是一遇到期末大考,就容易考砸,要么是把答题要求看错,要么是漏了答题,要么是抄题抄错,考卷发下来一看,好多错题原本都是会做的。面对这种情况,儿子小王很是懊恼,怕老师不喜欢他,怕妈妈批评他,王妈妈也是又气又急。几次下来,小王和王妈妈只要一听到要期末考试了,两个人就像绷紧的弦,一下子就紧张起来,总怕哪里没有复习到,总怕考试发挥不理想,仿佛得了考前恐惧症,焦虑不已。这不,期末考试又临近了,他该怎么办呢?

点滴感悟

小王和王妈妈的表现其实就是典型的考试焦虑症。尤其当今社会"不要让孩子输在起跑线上"的观念以及独生子女现象的影响下,在几个大人只关注一个孩子的压力下,这种现象目前在小学中是比较普遍的。那么,焦虑是如何产生的?焦虑是对当前或预想的、对自尊心有潜在威胁的情景下所产生的一种担忧或恐惧的情绪体验。考试焦虑症是由整个考试情景下引起的神经紧张状况。当学生面临考试时,考试失败的经历,对考试后果的担忧,以及家庭、他人、社会所产生的压力等情景就可能会出现,一旦他们感到无力应付,便会产生担忧和恐惧,并由担忧和恐惧转化为焦虑。在考试中常常表现出不由自主地慌张,注意力不能集中起来,把试题的要求看错,盯着试题看却怎么也看不进去,思维处于一种漂浮状态,不知道自己在想什么,并且常会伴有拿笔的手不听大脑指挥,总是写错意思或者是写字速度减慢等症状,也就是学生对解题目标的专注程度较差,无法集中注意力深入思考和判断。越是有这样的表现出现,孩子就会越紧张,结果出现恶性循环使整体学习成绩一降再降。

温馨贴士

解决考试焦虑症关键在于让孩子能够较好地管理自己的负面情绪。那么如何改善考试紧张这种状况呢?我们可以这样做:

一、改变认知,消除紧张

根据ABC理论,引导孩子找出他情绪困扰和行为不适的原因:考试焦虑症源于自己的不合理认知。我们要帮助孩子改变不良认知——只要期末大考就考不好的不合理想法。让孩子知道,考试是一种反馈方式,通过考试,老师能了解学生对知识的掌握程度,及时调整下阶

段的教学；学生通过考试能看到自己的进步和不足，明确自己努力的方向，让孩子明白考试是为了更好地学。通过改变孩子的自我认识、自我评价，同时配合自信训练，就可以在一定程度上减轻或控制孩子对考试的紧张、焦虑感。

二、自我放松，积极面对

我们要教会孩子学习放松的方法和技巧，以缓解紧张、焦虑的情绪。在进行考试前，应该保持泰然自若的心态，这种心态能使孩子在考试中发挥出自己复习时的正常知识水平。拿到试卷后，不要把试卷大体看一遍，而是抱着平常心顺着次序一道道往下做。遇到难题时，如果经过思考还是没法完成的，可以做个记号，暂时放一下。等到全部做完后，再去集中精力做这些题。考试结束后，应放下一切负担，全身心放松，适当运动，和朋友聊聊天，休息一下，尽量不再去反复回忆考试中的细节。

对待考试焦虑症，家长要积极应对，绝对不能对孩子进行指责和埋怨，那样只会造成更糟糕的恶性循环。首先，家长要调整好自己的心态，保持平常心，因为情绪是可以传染的，所以家长要缓解自己的焦虑，不要把自己的紧张情绪带给孩子。其次，作为家长，也要鼓励孩子，给孩子灌输"在学习中尽心竭力就是最好的，结果好坏没有关系"的理念，给孩子吃颗定心丸是最好的减压方法。再次，家长的企盼和过分的关爱，往往给孩子造成了无形的压力。所以不要对孩子过分关注，家长平时怎样对待孩子，考试时也要怎样对待，家里的氛围要轻松，就像没有考试这件事一样。最后，孩子在考试前要注意劳逸结合。家长要给孩子一定的人际交往机会，让孩子有地方宣泄压力。

做一个聪明的家长，你的孩子才会远离紧张焦虑，沉着应对考试！

（上海市第六师范学校第二附属小学　盛秋蓉）

05
抬起你自信的眼睛

有这样一些人，他一开始说话，在场的人立刻安静下来，面带惊讶；他走了进来，所有的目光都转向他，带着痴迷……我们都认识这样的人，他们的存在就足以引起我们的尊重、钦佩，或者广泛意义上的爱慕。他们身上比我们多了一种东西，一种让我们说不清道不明，连他们自己都搞不清楚的东西。我们展现在别人面前，打动、吸引甚至催眠人们的魅力，往往是我们自身魅力的潜藏部分，就像埋在地底的磁石——这就是自信。

故事分享

小王生长在工人家庭，家境并不富裕，爸爸妈妈非常宠爱他，他们省吃俭用，供他读书，他的学习成绩也一直不错。但是长得白白净净的小王，总是一直低着头，眼睛不敢直视别人，看见人老躲着，老师问他为啥这样，他说："我怕，不敢……"小王到底怕啥？

家里来客人了，小王躲在自己房间不出来，妈妈问他为啥这样，他说："我怕，不敢……"小王到底怕啥？

下课了，同学们在操场上有的玩跳绳，有的打羽毛球，还有的成群结队打篮球……小王呢？孤独地一个人在玩，小王为啥这样呢？

点滴感悟

平时在班级中确实有像小王这样的人。他们太在意别人的目光，在乎别人对自己的印象；害怕暴露自己的缺点和脆弱的一面，不敢把自己内在的矛盾和冲突表现出来；害怕在与老师的交流中不由自主地暴露自己的缺点，害怕在与家长的交流中流露出自己真实的想法，引起与家长的矛盾；害怕在与同学的交往中，产生摩擦，造成不和，引起友谊的破裂。说到底，小王不敢把完整的自我呈现出来，不敢将精神层面和身体层面都完整地呈现出来。他缺乏自信。如果一个人内心都不安宁，那他怎么能带给他人安宁和幸福呢？如果一个人不能信赖自己，那他怎么会有热情？怎么能坦然与周围的老师、家长、同学友好相处呢？

温馨贴士

一、不要在意别人的目光

"我才不管别人喜不喜欢我呢！"当我们不打算讨好我们的"观众"时，我们才最有魅力。

二、相信自己的能力

其实，只要自己觉得值得别人爱，往往就能被别人爱。为什么？首先，因为我们能从这种思维中汲取能量，有能力应对挑战，也许在他人眼里，这些挑战是不可能战胜的。其次，自信心可以让自己，尤其是让他人心安。自信是一种"平静的"力量，是安全的、有吸引力的力量。当我们有自信心的时候，我们会解除自己的防御机制，让人看到我们的方方面面，包括那些我们自己觉得没有魅力的方面。

三、拥有开放的胸怀

敞开胸怀,我们就能真正接纳他人,并以简单的方式将自己交给别人。我们表现出的"放弃控制",会让对话者宽慰,放下戒心,因为我们让他看到,这么做是安全的。向他人开放,需要很好的沟通能力:要用清晰的方式说话,可以使用比喻,让听的人跟着我们去想象、感觉,仿佛画面就在眼前。这样,听我们说话的人立刻能明白我们在讲什么,他们会觉得自己很聪明。其实,他们已经被我们的魅力征服了。自信的人总是把事情做得很圆满,使自己无形中领略到成功的喜悦。

"我可以依靠自己应付生活的种种变数!""我的想法和我的行为是一致的!"我们做的每个动作,说出的每句话,都表现出一致性、自信性,这样的自信使我们增加了许多魅力。其实无论在工作中还是生活中,自信的魅力都是不可抹去的。对于同样一件事情,自信的人往往会以积极乐观态度去面对,而自卑的人却以消极态度去对待。我们每个人都希望自己魅力四射,受到大家的喜爱。那么就让我们行动起来吧,无论面对什么样的状况,我们应该多给自己掌声,给自己勇气,相信自己肯定行!

(上海市浦东新区福山外国语小学 陈继红)

06
与孩子的老师合作

由于孩子与生俱来的性格不同，生长的环境不同，因此呈现出来的状态也不同。有的孩子活泼大方、善于和老师沟通交流，能和老师成为好朋友；有的孩子内敛文静、不苟言笑，见到老师躲得远远的，不敢也不愿意和老师交流。家长们很着急，认为孩子不善于和老师沟通交流，老师无法很好地了解自己孩子学习的情况、与同学交往的情况，这样会不会影响到孩子的学习？孩子会不会失去很多展示的机会？

故事分享

小隽从小就是个慢热、怕生、敏感的孩子，在家里和爸爸妈妈有说不完的话。可是到了学校，面对陌生的环境和人，特别是面对老师，她变成了一个内向不爱说话的孩子，不愿意和老师沟通表达，上课不愿举手发言。

有一次，老师与小隽的妈妈联系，说孩子数学的课堂作业没有交。妈妈好担心，生怕孩子不做作业。回家询问了孩子，原来是小隽作业完成时，数学老师已经回到办公室，其他同学直接把作业本交到老师办公室了。而小隽却不知老师办公室在哪，也不敢去问其他老师，于是索性作业也不交了。

老师在小隽妈妈的微信朋友圈里知道小隽的钢琴演奏水平达到8级，于是鼓励她去门厅展示，小隽扭捏了半天，最终也没有去门厅弹奏，老师问她为什么不去演奏，她一句话也不说，老师干着急，这孩子怎么呢？

点滴感悟

孩子的"内向"和"外向"是相对而言的，首先我们家长不要去给孩子贴标签。内向性格的孩子并不是自我封闭或者自卑，怯懦。他们只是跟性格外向的孩子，获取能量的方式有所不同。有些孩子的"不爱说话"通常只是"不爱跟你说话"，遇到了他喜欢的、熟悉的人，或者他感兴趣的话题和擅长的领域，他的话匣子就会一下子打开。

家长是连接孩子与老师沟通交流的桥梁。家长和老师是教育战线上的同盟军，要保持一种愉快而积极的伙伴关系。与老师建立一种积极的关系，通过与老师的有效合作来改善孩子和老师的交流问题。家长要告诉老师孩子在家的生活和学习情况，告诉老师您很感激老师对孩子的关注和帮助，告诉老师孩子做得好的方面，并夸奖孩子的行为。经常和孩子聊聊学校里的事情，可以聊聊老师的工作，老师的课堂，老师的喜好，从孩子那里更多地了解老师。

● 温馨贴士

一、孩子问题，及时沟通

作为家长，应该主动与老师联系，可以把孩子在家里的情况详细地告诉老师，比如：孩子有哪些兴趣爱好，有哪些特长，在家里跟谁比较亲近。让老师对孩子有一个比较全面的了解，这样老师在跟孩子的交流中就有话题可聊了。有了共同的话题，孩子对老师会解除戒备，因为谈论的话题都是自己熟悉的，自然能够放松地交谈。家长还要经常询问孩子：今天跟老师聊了什么？你心里是怎么想的？并及时鼓励孩子。孩子获得了与老师交流的美好感觉，以后会更愿意和老师交流，也更愿意亲近老师。孩子获得了鼓励和关心，也愿意亲近老师。

小隽的妈妈特地找了班主任老师，进行了一次沟通，她把小隽在家里的情况详细地告诉了老师。小隽妈妈告诉了老师小隽有写毛笔字的兴趣爱好，老师让小隽写了一些作品在班里办了一个书法展，还对小隽说要收藏她的作品，小隽回来得意地告诉了妈妈。妈妈同时又给小隽看了老师在微信里用的头像也是毛笔字，让小隽发现老师的喜好和她的一样，增加了小隽对老师的亲近感。就这样，小隽慢慢地消除了对老师的恐惧心理，逐渐和老师"熟"了起来，上课愿意举手发言了，开始喜欢和老师分享一些事情。

二、默契配合，目标一致

要锻炼孩子的胆量和沟通能力。老师主动地跟小隽接近距离，找机会让小隽多锻炼，比如叫她通知各班老师一些事情，或者让她去和其他老师同学借东西、打交道，并时常因为这些事情做得好，奖励她一些小礼物。小隽回来开心地给妈妈看老师奖励的东西，有一天小隽对妈妈说："告诉你一个好消息，我终于知道老师的办公室了！"

三、默默耕耘，静待花开

由于孩子的年龄小，有很多事情需要她在生活中细细地体验感知。随着孩子年龄的增长，她会慢慢地调整感悟。我们要对孩子有足够的耐心，在孩子成长过程中，默默地等待，善于寻找引导的良机，鼓励孩子大胆地跟老师交流，例如：经常与学校老师取得联系，并创造一些机会，让孩子做家长和老师之间的小小联络员，让孩子传递一些信息。家

> 长每天询问孩子在学校的情况,细心观察孩子与老师之间的互动,特别是孩子与老师交流的情况,然后适时给孩子指导如何与老师沟通,为孩子的每一个主动交流而喝彩,使得孩子体会到与老师交流的快乐。

家长是连接孩子和老师沟通交流的桥梁,家长和老师是教育战线上的同盟军,家长和老师之间要保持一种愉快而积极的伙伴关系,才能促进孩子健康成长。

(上海市杨浦区打虎山路第一小学 沈芝瑾)

07
让我静会儿吧

临近考试,孩子不觉得是什么大事,我倒是揪起了心——这该背诵的背诵了没有,该默写的默写了没有,一直错的这道题到底理解了没有……一个个的担心蜂拥而至,每天我都在重复相同的问题。——家长A

最近快考试了,孩子特别辛苦,每天都要弄到很晚,我想着法地给他弄好吃的,让他多吃点,把身体养得棒棒的。——家长B

平时我工作特别忙,也没什么空关心他的学习,这马上要考试了,我特地腾出空来帮他补习,争取提高一下。——家长C

考试前,我怕他太紧张,所以没有过问学习情况,就每天让他放轻松,不要担心,我们都相信他。——家长D

你是否也是这四种家长之一?那么,我们究竟该如何对待孩子的考试呢?

故事分享

小静是个人如其名的女孩,乖巧文静,平时学习很努力,成绩也不错。前一阵子一次单元练习,小静的成绩有所下滑。小静妈妈对此担心起来,每天回到家,哪怕再晚,妈妈也会主动关心女儿的复习情况,如"今天复习得怎么样，有没有碰到什么困难，不懂的地方有没有问老师"……

刚开始，小静总会和妈妈说说，后来，小静不耐烦了，妈妈问几句就回答一句，甚至有时候不说话了。这天，妈妈又和往常一样问起小静的学习来，谁料，小静却直接扔掉了书本，还大声叫喊，嫌妈妈唠叨，随后坐在地上大声哭泣起来。而妈妈觉得女儿不仅不理解自己的关心，还朝自己发火，也委屈地哭了。

点滴感悟

表面上来看，这样的对话看似在关心孩子，实际上无形中给孩子增加了负担。就如前面那四位家长一样，他们或是督促、关心，或是安慰，家长以为这样做可以让孩子放松身心，可事实上，这种做法让孩子很反感，在一定程度上造成了孩子的学习压力，不仅不利于孩子安心复习，还很容易导致其产生焦虑情绪。

其实，考试的压力通常来自孩子和家长两个方面。来自孩子自身的压力，我们一般都能察觉到，然而来自家长的压力，却往往会被忽略。可实际上，我们的孩子并没有那么脆弱，造成孩子考试紧张的原因更多地来自家长。家长在考前过分关注，就会下意识地改变家人平时的生活节奏，如改变家人的生活作息、饮食习惯等，这样一些细微的变化都会对孩子产生影响，使其产生情绪波动。相反，如果家长在考前一如既往，反而对孩子的心理压力调节起更大的作用。

温馨贴士

一、保持平常心，切忌兴师动众

如果孩子马上要考试了，最好一切照旧，不要去刻意改变孩子的生活和学习习惯，如增加营养餐，帮着整理个人物品，家里控制音量，保持绝对的安静……这样的一些改变，反而会影响孩子备考。

二、摆正心态，切忌期望过高

每个孩子都有自己的长处和短处。家长对子女的期望要适度，不要将自己的孩子和别人去比较，要更多关注孩子个体的成长。如果对孩子的要求过高或者过多，就等于给孩子施加了无形的压力，这样反而增加了孩子的焦虑程度，从而影响孩子的发挥。我们不妨试着告诉孩子："不管怎样，只要尽到最大努力就好！"

三、舒缓情绪，切忌不断唠叨

每个孩子在考试前，或多或少都会有些紧张，适度的紧张更有利于孩子的发挥。在孩子复习迎考期间，千万不要反复念叨："你要加把劲啊！""你一定要考好呀！"等等，这容易让孩子产生逆反心理，加重思想包袱。这时，我们不如多帮助孩子调节心理，比如发现孩子学习累了，让他听听音乐、做做运动，或者讲讲笑话，帮助孩子放松一下，调节一下情绪。

不管家长还是孩子，对待考分都应保持平常心，要知道每一次考试都只是一次历练而已。我们要认真对待考试，即使失败了也没有关系，只要下次努力就好，这样才有利于考前的心理减压。

（上海市浦东新区小学教育指导中心　姚琳姬）

08
让人心跳加速的小学毕业季

都说中国的家长和孩子不容易,竞争从幼儿园就开始了。到了小学毕业,孩子就面临人生第一次选择的考验。当各种招生大战拉响集结号的时候,部分家长便焦虑起来,四处打探消息,和周围的同事朋友比较,领着孩子四处奔波。那些平时自诩让孩子快乐自由成长的家长们也不那么冷静了。再看看此时的孩子们,也是尽显人生百态:有疲于奔命的,有羞愧自卑的,也有看似淡然洒脱的……其实作为主角的他们,身上所承受的压力是大人们无法想象的。

在此阶段,作为家长,如何把握好自己的心态,帮助孩子释放和缓解压力,平稳走过这一段非常时期呢?

故事分享

小英就读于一所口碑不错的小学,五年级的她,学习成绩中等,虽然也在外面的补习班里学了几年奥数和英语,但成绩始终没有多大提高。尽管如此,她性格开朗,乐于助人,同学们一直把她当成开心果。

寒假过后,各所中学的自主招生开始,因为没有含金量比较高的"敲门砖",小英的父母决定让她就读家附近的学校,也让她不那么紧张忙碌。一

开始,小英特别感谢父母的这项安排,每个周末,当其他同学在外面拼命补课,疲于奔命的时候,她却可以在被窝里睡到自然醒,甚至去公园游乐场玩上一圈。

这种欢乐一直延续到寒假结束。第二学期开始时,同学们开始议论起未来的打算,开始填写毕业纪念册,此时的小英显得心不在焉起来,有时还会一个人发愣许久。后来,班级里每天都有同学被各所学校录取的捷报传来,偶尔会有老师和同学打听小英的情况,此时的小英总显得有些尴尬,头也低得越来越深。

终于有一天,小英把好朋友发的糖扔进了家里的垃圾桶,并大声埋怨爸妈为什么不让她去报名尝试一下……

点滴感悟

小学毕业季,是一个让人悲喜交集的时期,即将升入初中的孩子们对未来有许多的憧憬,也有很多的担忧。

首先,来自升学择校的各种考试和面试,让一部分孩子在一轮轮的竞争中变得狂躁和焦虑。而像小英这样一开始就被父母放弃机会的孩子,内心深处也会有许多无奈和不甘,有时会在别人成功的光环下变得羞愧、自卑起来。

其次,毕业就意味着分离,对昔日好友的不舍和留恋,会让部分孩子心中产生一种悲伤的情绪,特别是内心比较敏感的孩子,此时的离别情绪会表现得更加强烈。如果这个阶段恰巧出现了与这种情绪相关的事情,便会成为他们情绪爆发的导火线。

另外,毕业也意味着新的开始。未来环境的不确定性会让一些依赖性强的孩子产生恐惧心理。而青春期的孩子正处于自我意识觉醒的重要时期,他们不愿意把恐惧心理真实地表达出来,相反会用异常的兴奋状态,特立独行的逆反行为来隐藏自己内心深处的恐惧和不安。所以,当家长们发现孩子反常的状态或行为时,千万不要武断地下结论,而是要分析他背后隐藏着哪种情绪,然后再有针对性地采取相应的对策,帮助孩子度过这段不寻常的时期。

> **温馨贴士**
>
> **一、和孩子一起规划未来**
>
> 　　家长常常认为自己的孩子还小,想法比较幼稚,便常常根据自己的人生经验为孩子设计未来的道路。诸如考什么样的学校,培养什么特长,交怎样的朋友等。其实,孩子的未来规划应该让孩子自己参与。所以,在小学低年级时,家长就要根据孩子的特点,和孩子一起规划未来,确定要选择的目标,并且告诉孩子为了这个目标应该做的一些努力。另外,家长要掌握一定的信息渠道,了解最新的信息,知道各个环节和时间节点,这样,就不至于到毕业时再临时抱佛脚,无所适从了。
>
> **二、不要被分数牵着鼻子走**
>
> 　　到了五年级,孩子的小测验会比较多,成绩起起落落也是常有的事情。其实孩子对自己成绩的变化比家长更加敏感和焦虑,此时,家长一定要控制好自己的情绪,不要因为一时的失控,挫伤孩子的自尊心,加重他们的焦虑;此时,更需要关注的是分数低背后的原因:是身体不适还是心理焦虑?是课堂上开小差还是对知识点没有掌握?或者在学校遇到了影响心情的事情?找到原因,及时与老师联系,耐心陪伴孩子共同面对困难,才可能真正地解决问题。
>
> **三、合理定位,不盲目从众**
>
> 　　其实,每个孩子都是独立的个体,不具有横向的可比性。所以,在大众拼命追求名校、名师的时候,家长一定要清楚自己孩子的实

力，根据自己孩子的特点清醒地加以定位，不能为了追求超高的目标而牺牲孩子的身体健康和心理健康，也不能为了所谓的"自由成长"，一味地不闻不问。

小学毕业季，是孩子们真正面临的人生第一次考验。人们都说这是个"拼爹"的年代，其实，拼的不是钱财，而是心态和理念。在小学毕业的非常时期，稳定孩子的情绪，用心关注，让孩子们知道无论怎样，都有一个爱他的爸爸妈妈无条件地接纳他，这样才能让他们平稳地走过这段时光，留下最美好的回忆。

（上海市浦东新区福山证大外国语小学　温丽娟）

Part 2
帮助孩子养成良好的习惯

帮助孩子合理安排自己的生活,培养孩子适应社会、独立生活和学习劳动的技能。

01
妈妈的小帮手

现在读小学的孩子大多是独生子女,一般都是"衣来伸手,饭来张口",是爷爷奶奶、爸爸妈妈的掌上明珠,像小王子、小公主一样,过着无忧无虑的生活。

当前,家长普遍忽视孩子劳动态度的养成、劳动技能的培养。孩子们不爱劳动、不爱惜劳动成果、劳动技能和习惯差的情况比较普遍。帮助孩子合理安排自己的生活,培养孩子适应社会、独立生活的能力,我们家长责无旁贷。

故事分享

晓晓妈妈今天下班时,天已经黑了,她急匆匆地往家赶。她刚才打了一个电话——让四年级的儿子先把晚饭用电饭锅烧好,自己回家再炒两个菜就可以了。

晓晓妈妈打开家门,里面黑乎乎的,灯也没开。

"晓晓,你在哪里?"晓晓妈妈有点着急地喊道。

"妈妈,妈妈……"晓晓哭着叫妈妈。

"你怎么不开灯?"

"妈妈,灯坏了……"

晓晓妈妈打电话叫来了物业。维修人员说，家里的电路跳闸了，需要检查一下哪个电器短路了。想起让晓晓烧的晚饭，晓晓妈妈走进厨房一看，发现晓晓竟然把水和米直接放在了电饭锅的底盘上……

点滴感悟

晓晓生活在一个单亲家庭，晓晓妈妈承担着更多的艰辛。尽管这样，妈妈也从来不让晓晓受委屈，从来不让孩子做家务。在晓晓小时候，妈妈做家务时晓晓总是缠在妈妈身边，而妈妈总把晓晓带到客厅，安排他玩游戏、看动画片……晓晓从来不用自己做什么事，于是铺床叠被、刷洗碗筷、择菜洗菜、淘米做饭等一些力所能及的事情都不会。

其实晓晓不是特例，许多孩子都不会做家务劳动，如果晓晓妈妈不让晓晓烧饭，就不会发现孩子不会做家务是一件很严重的事情。

现在的一些孩子，不爱惜粮食，乱倒饭菜；不讲究卫生，乱扔垃圾，一定程度上也是因为他们很少做家务，对劳动没有正确的认识，不懂得尊重他人的劳动成果，更谈不上热爱劳动。家里大人刚刚清洁好地面，孩子不一会就弄出一堆垃圾；刚刚整理好的书桌，不一会又乱成一堆；刚刚整理好的玩具，不一会又乱丢乱放；甚至在教室、公园、社区也乱扔垃圾。

温馨贴士

一、循序渐进，培养兴趣

分配给孩子（尤其是年龄尚幼的儿童）的家务活不要太难做，因为太难了孩子往往做不好，这又会反过来挫伤他们的积极性，减弱他们做家务的兴趣。低年级学生要"学会铺床、叠被、刷洗碗筷、茶杯等，能帮助家长做些力所能及的事情"。中年级学生要"了解厨房的卫生常识，学会洗刷餐具、茶具，会择菜、洗菜、淘米等；在家长指

导下,学会安全使用炉具,能烧开水和给饭菜加热"。对高年级的学生的要求是"能有条理地放置、摆设室内小件物品,会晒被褥和叠放衣服,能洗外衣、毛衣等衣物"。

二、用趣味性,促求知欲

孩子干家务往往不能坚持。为吸引孩子,让孩子尝试的家务活最好经常有所变化(如昨天擦地板,今天洗碗,明天叠衣服等),做家务的时间也要适合孩子的年龄,不能让孩子数小时"连续作战"。此外,家长可以边做家务边给孩子讲解有关知识,如择菜时可讲讲青菜的营养,剥毛豆时可以说一说毛豆和黄豆的异同,洗碗时可以做做数学游戏(刷完之后让孩子数数个数、按形状分类来放)……这样在家务劳动中促进孩子的求知欲。

三、技能指导,勿忘激励

由于孩子在体力和技巧方面和成人有差距,对于一些比较复杂的劳动,家长应进行具体指导,传授一些"诀窍",帮助孩子改进劳动技能。当孩子做好一件家务后,家长要给予他一个微笑、一个拥抱,或者说一声"谢谢"。家长要用自己的行动让孩子在劳动以后产生成就感和满足感。相信每个孩子都会成为妈妈的小帮手。

家务劳动一般是指家庭日常生活中带有事务性的劳动,是家庭每个成员都应尽力分担的义务,对孩子来说,分担自己力所能及的家务劳动也属自我服务劳动。这些自我服务劳动和家务劳动,可以培养孩子的劳动习惯和独立生活的能力,培养孩子认真负责、勤于自理、乐于奉献、尊重人、体贴人等优良品质。同时,孩子在做家务中体验快乐,做家务是孩子建立自我价值感和相信自己能力的一种很好的方式。

(上海市浦东新区顾路小学 孙群)

02
自己的事情自己做
——学会整理自己的学习用品

孩子越来越大,对自己的日常用品却越来越不上心,自己用的东西总是随手用了随手扔,家里总是乱糟糟的。小学第一学期已临近尾声,我们的孩子是不是已经在学校里学到很多新本领了呢?最近我在与一些家长聊天的过程中却发现了这样一个问题:孩子的文具用品经常不是多了就是少了,有的家长明明在孩子上学时给孩子带了5支铅笔,却在放学后少了2支,有的则发现孩子放学时书包里的本子比上学时要多。针对这一问题,我整理了一些帮助孩子养成整理学习用品习惯的方法,在此和各位家长朋友共同分享一下,希望能够帮到孩子。

故事分享

十分钟劳动开始了!值日班长给每位同学快速地分配了任务,大家纷纷拿起劳动工具,来到了自己的岗位上。小菲取出书包,仔细地整理起了文具。但调皮的冬冬和小杰却将文具洒了一地,书桌也乱糟糟的,怎么整理文具呢?他们东抓一把,西抓一把,胡乱地把文具塞进书包里,顿时,书包像个大垃圾袋,里面什么都有,水杯、果皮、本子、铅笔、抹布、卷笔刀等等。

同学们,他们这么做对吗?你觉得应该怎么做呢?

点滴感悟

教育孩子,需要有足够的耐心和细心,更需要家长对孩子良好行为习惯的引导和培养,任何事情的发生脱离不了"习惯"。就如上面的问题,如果在孩子一开始出现类似的问题的时候家长没有引导和阻止,以后就会变得难以收拾;家长的行为是孩子的学习榜样,家长的引导和实际行动对孩子有示范性作用,比如说家长的东西也不要乱放,下班之后将衣服、鞋子、公文包等放到固定的地方。孩子看到家长的行为,耳濡目染下就能养成好习惯了。

另外,为避免孩子上课时思想开小差,家长不要让孩子把玩具和易分散注意力的物品带到学校,那样可能会影响到孩子的学习。有些家长将孩子的独立自主能力估计得太低,对孩子不放心,一见孩子整理不好书包,或整理书包动作太慢,就索性代劳。久而久之,常由家长包办一切的孩子,就显得缺乏主见,时时处处都要依赖家长。如果个人生活没有了独立性,学习也要受到影响,经常弄丢用品的孩子要格外注意。

温馨贴士

一、孩子习惯的培养

通过一些小事来培养孩子独立自主的能力,对于一年级的孩子来说很重要,家长要有耐心。刚入学的孩子,由于识字不多,入学2~3周内,家长可对照课表帮他理好书包,提醒他第二天需要带的物品。3周以后,家长可站一旁引导孩子自己对照课表整理书包,例如:教孩子将第二天要用的各学科的书放好,每天要用的语文、数学练习册及作业本(记事本)分档归类放好。水壶、跳绳、手纸等可放在书包侧袋中,以免弄脏其他书本。一个半月后,家长可完全放手让孩子自己整理学习用品，并要定期抽查。

因为年龄小，有的一年级孩子不会保管自己的物品，极易弄丢学习用品。针对这一现象，家长可帮孩子在每件学习用品上都写上名字，对于一些无法直接书写名字的文具用品，可把名字写在小纸条上，再用胶纸贴好。家长要引导孩子从思想上自觉地爱惜学习用品，自发管好学习用品。

二、分类不同的整理箱

整理箱不一定要买，可以用废纸箱。无论是装家电的纸箱，还是装食品的纸箱，只要有中型整理箱那样大就可以了，玩具、手工用品、学习用品等可用不同箱子分类装。其次，每到一天结束或者是一次游戏结束的时候，家长要提醒孩子将自己的东西整理好。刚开始的时候，家长帮助，然后让孩子自己整理。久而久之，孩子就会养成一种好习惯。

三、嘉奖的力量

父母可以采用嘉奖的方法策略，如果孩子将自己的物品整理得很好，可以给予孩子一点奖励。但是并不提倡物质奖励，家长可以陪孩子到游乐园玩耍或者看一场有意义的电影。

关于孩子如何保管好自身文具这一问题，看似是一件不值得我们过多关注的小事，但对孩子而言，这也是他们顺利适应学校、融入学校生活的一个非常关键的小细节。如果因为这些小事没有处理好，而让孩子感到压力，使其产生焦虑，那就因小失大了。

（上海市浦东新区福山外国语小学　陈继红）

03
你还在为孩子写作业拖拉抓狂吗?

说到孩子作业拖拉的问题,许多家长都会产生共鸣。家长们纷纷表示:"怎么说孩子都没用,感觉心力交瘁,我真恨不得替他读书算了。"有些家长表示,碰到这些状况,或帮助,或提醒督促,或批评教育,该做的都做了,但是效果并不明显。很多孩子这次改了,下次仍然不能按时完成作业,拖拉作业的现象还是经常发生。遇到这种情况,家长除了抓狂还能做什么呢?希望接下来的内容可以给你一些启发。

故事分享

小蕾是小学三年级的学生,她有一个坏习惯,那就是做作业磨磨蹭蹭,十分拖拉。她的同学每天做完作业,还能有许多时间发展兴趣爱好或者锻炼身体,而小蕾光做作业就要做到晚上10点,根本没有时间做其他事。因为睡得晚,小蕾第二天的学习效率也不高,这样的情况恶性循环,可真是急坏了爸爸妈妈。

其实学校里老师布置的作业并不多,可是小蕾写作业的时候总是边做边玩,不是喝水就是上厕所,要不就玩笔套、橡皮……本该一个小时内完成的作业,小蕾要用三个多小时才能完成,而且正确率不高。爸爸妈妈也想过一

Part 2　帮助孩子养成良好的习惯

些办法，比如轮流在一旁盯着她做作业，这时她速度还是挺快的。但是一旦爸爸妈妈工作忙没时间陪她，她马上又回到原来慢吞吞的状态了。随着年级的升高，作业量增加了，小蕾作业拖拉的现象也愈发严重了。爸爸妈妈很担心，小学三年级做作业就要做到晚上10点，那到了初中、高中该如何是好？

点滴感悟

小学生做作业拖拖拉拉是一个普遍现象，很多家长认为孩子做作业拖拉是故意的，因此动辄呵斥孩子，或者在旁边盯着孩子做作业，结果仍然收效甚微。中医诊症讲究的是望、闻、问、切，在对待孩子写作业的这个问题上，我们也要有中医般的耐心。这个时候光心急是没有用的，看到孩子写作业拖拉，我们首先想到的不是如何去责怪他，而是应该要了解孩子这时在想些什么，究竟是什么事情影响了他写作业的进度，并采取一些科学的方法锻炼孩子，为孩子营造良好的家庭环境，帮助孩子摆脱做作业拖拉的毛病。

● 温馨贴士

一、理性认识，对症下药

父母们不要盲目着急，首先要了解孩子为什么做作业拖拉：是不想做？不会做？还是学习态度不端正？抑或没有时间观念？父母们应及时找到原因所在，避免长此以往对孩子造成不好的影响。孩子学习成绩不好，是多种因素综合作用的结果，主要有以下几种：缺乏时间观念、注意力不集中、缺乏学习兴趣、过分追求完美、书写困难等。孩子做作业拖拉不仅是学习能力不足的表现，还有性格、外界环境等原因。家长要找到真正的原因，然后对症下药。

二、增强沟通,降低期望

家长要肩负起自己的责任,不要把教育孩子的责任推给学校或老师,要了解孩子的学习风格和方式,多与孩子沟通交流,让孩子勇于讲出自己的看法,引导他们培养学习的兴趣。要多给孩子一些成功的体验,在孩子遇到困难时给予及时的关心和帮助,避免孩子产生无助感。关于孩子的行为管理也应有个度,应该循序渐进地教育。一开始对孩子的要求不要太高,因为管得太严容易使孩子产生逆反心理。"每个孩子都是潜力股,关键是你怎么去发掘他们的潜力。"家长千万不要低估孩子,不仅要关注孩子的行为,更要关注他们的心理,积极引导他们向健康的方向发展。

三、培养独立,减少代替

对于孩子,家长往往缺乏耐心,看孩子作业做得乱七八糟的,总以为不如帮孩子做更省时省力。这种包办代替恰恰剥夺了孩子锻炼的机会,时间一长,孩子养成了依赖的习惯。父母们要把心态放好,明确地让孩子知道,做作业是孩子的责任,帮助孩子才是大人的事,不要代替孩子去承担。孩子做作业时,父母们不要陪在旁边,否则会让孩子产生依赖感,父母们可以暂时离开去做自己的事情。

四、减少责骂,多多鼓励

有些孩子写作业拖拉是因为学习压力大,心情焦虑,怕出错。面对这样的孩子,父母不要过多指责,也不要用打骂来纠正其不良行为,而要用奖励手段进行强化训练来达到目的。父母们不要一味地盯着孩子的缺点,也不要总是拿自己家的孩子和别的孩子去比较,每个孩子都有自己的闪光点。我们要做的就是耐心地鼓励孩子,随时观察孩子的表现,当孩子进步了要予以表扬,发现坏习惯应及时指导改正。

五、布置环境,减少负担

父母们要给孩子提供一个安静、整洁的学习环境,不要让孩子听到电视的声音,不要在孩子正在学习时,中途为孩子送水果、倒水等。孩子放学回家后,父母们不要马上让他做作业,先让孩子休息一会儿,缓解一下上学后的疲劳。另外对于作业拖拉的孩子,不要额外给孩子布置过多的家庭作业,如果让他知道课堂作业做完了,还有一大堆家庭作业在等着做,他会更加抵触。

六、以身作则,家校配合

在生活中,家长们要做好榜样,培养孩子的时间观念,这对孩子今后的学习和生活都有很大帮助。父母们在督促孩子的同时,还需要与老师多沟通,共同引导孩子养成良好的习惯。家校配合,齐心协力,这样才能达到事半功倍的效果。

当孩子写作业拖拉的时候,家长越是催促,孩子的逆反心理越是严重。这个时候,需要家长的耐心引导,了解孩子不想写作业的情绪源头。只要你细心"断症",对症下药,同时耐心地帮助孩子解决难题,与孩子共进退,就能帮助他们建立信心,纠正写作业拖拉的坏习惯。

(上海市浦东新区临沂二村小学 孙妮)

04
改掉丢三落四的坏习惯

每天放学后,做值日的同学总会扫出一些笔、尺子、橡皮等文具,第二天问是谁的,常常没有人来认领;也有很多家长来接孩子时抱怨孩子买文具太多,一次买一盒橡皮,一大把铅笔,没几天就都丢光了。当然,现在生活水平提高了,谁家都买得起这些东西。但是,孩子们因为丢三落四的坏习惯导致学习效率低,成绩不理想,也让家长们很头疼。作为家长,如何才能引导孩子改掉丢三落四的坏习惯,让孩子们变得更有条理呢?

故事分享

"老师,我的美术箱没有带,能把电话借我用一下让我妈妈送过来吗?"小张着急地说。

"老师,等一等,我昨天把作业做完了,今天不知怎么回事找不到作业本了。"阳阳满头大汗,把书包翻了个底朝天,书本、试卷散落得桌上、地上都是。

"老师,他的作业本就在书包里,他撒谎说没带。"学习委员气愤地说。"老师,我昨天找了好几次,真的没找到,我不知道他怎么就找到了。"拎着被翻得乱七八糟的书包,阳阳委屈地哭了。

孩子们因为丢三落四，给自己、老师们、家长们增加了许多烦恼。

点滴感悟

现在很多孩子都是独生子女，六个大人围着一个小孩转。孩子生活起居、作业学习样样都有人操心，家长们很主动，孩子们很被动，习惯于依赖父母。来到学校后，没了父母的帮助，他们自然就会很混乱，容易丢三落四。对于孩子丢三落四的坏习惯，有些家长把责任揽在自己身上，认为是因为自己没有给孩子做好准备；有些家长则是简单粗暴地批评孩子没有把自己的东西保管好，结果孩子下次照旧丢三落四；还有些家长想了很多方法，反复督促，反复批评，孩子没做好就让孩子受惩罚，结果弄得孩子很沮丧，家长也很不开心，效果也不见得好。

温馨贴士

一、以身作则，绝不包办

我们要求孩子做到的事情，自己首先应该做到。要求孩子把鞋子摆放整齐，首先自己的鞋子脱了不要乱扔；要求孩子把用过的东西及时归位，首先自己要做出表率。让孩子在潜移默化中学习何为有条理。

随着孩子一天天长大，他们自己能做的事情家长应该放手让他们自己去做，绝不要包办代替。尤其当孩子因丢三落四遇到麻烦而对家长"发号施令"时，家长不要立刻帮孩子完成，而是要引导他们，让他们意识到自己丢三落四的后果，让他们思考怎样做才可以避免同样的问题再次发生。这样之后，家长们再给他们一些帮助也不晚。

二、分类收纳，学写备忘录

分类收纳是一个帮助孩子变得有条理的有效方法。比如在整理

书包时,根据书包的分域,可以在相应的地方贴上标签,把书籍、试卷、文具盒、红领巾、餐巾纸、水杯等分类放在相应的位置,要求他们东西用完之后放回原处。还可以准备一个备忘录,让孩子根据课表和老师的要求把第二天该带的东西——列好,在睡觉以前检查书包,在已经放进去的物品项目上面打钩,全部都打钩了,说明全部都准备好了,就可以安心去睡觉了。学会了这两种方法,天天坚持这样做,一定对改掉丢三落四的坏毛病有帮助。

三、要事优先,反复练习

习惯的形成方式主要是靠简单的重复和有意识的练习。很多孩子之所以一直改不了丢三落四的坏习惯,是因为缺乏反复练习。如果有些事情对于孩子而言有难度,我们可以用简单的几个步骤把难点分解。比如:我们出门前常会念"口令"——伸(身份证)手(手机)要(钥匙)钱(钱包),简单四个字提醒我们要带好这四样重要的东西。同样,我们也可以给孩子编口令,如"背(水杯)靠(考试卷)红(红领巾)树(需要用的书)"。让孩子时刻记住要事优先,把这些东西准备好,再去看备忘录上别的项目该如何完成。需要提醒的是,在帮助孩子调整改变的过程中,如果孩子做得有进步,要及时给他们鼓励,强化他们的正确行为,使之尽快养成良好习惯。

不要总觉得孩子小,很多事情需要父母帮忙,其实孩子的潜力是很大的,只是需要家长多一份耐心去等待他们学会如何去整理收纳,变得有条理,多一份智慧去督促他们用行动化解烦恼,多一份欣赏去激励他们主动承担自己人生中的责任,多一份坚持帮助他们养成好习惯。希望孩子们早日改掉丢三落四的坏习惯,迎来清清爽爽、有条不紊的新生活。

(上海市浦东新区福山外国语小学　王晓)

05
良好的学习习惯必须得家长陪出来吗?

每天孩子放学时,就听见家长们聚在一起讨论和孩子学习有关的事,有家长说:"这个孩子不盯着就不行,愁死人了!"也有家长说:"现在孩子的学习习惯养成了,我们也轻松一些了。"还有家长说:"都是一样陪着学习,我们也没少花功夫,还是你家孩子懂事,争气。我家的孩子天天惹我生气!"更有家长说:"孩子学习要看自觉不自觉,不自觉的孩子陪再多时间、花再多功夫也没用。"

那么孩子养成良好的学习习惯到底需不需要家长的陪伴呢?怎样的陪伴对于孩子更合适呢?

故事分享

小宇是个可爱的小男孩,但他的成绩很不稳定。上课时,他的桌子上总是乱七八糟,老师要求做的预习他总是忘记做。家庭作业完成的情况也不理想,还时常有不带作业回校的情况。在家访的过程中,父母一直在强调他们很忙,但看到小宇现在的情况,父母还是表示愿意尽力帮助孩子养成良好的学习习惯。家访完之后,小宇的家庭作业有了明显的进步。可是好景不长,一段时间后,他不好好做作业的情况又会反复。老师再次联系小宇父母时,

小宇的父母说："我们都有工作，总不能一直陪着他吧。什么方法、道理都跟他说了，他听不进去。你不知道陪他做作业有多累，每天都要被他气得吐血，打也打了，骂也骂了，我们也不知道该怎么办了！"

点滴感悟

在小学阶段，孩子自主学习能力还比较弱的时候，的确是需要父母陪伴才能养成良好的学习习惯的。而良好学习习惯的形成本身也是学习的结果，是一个由外部支配到内部控制、由简单到复杂、由不稳定到稳定，好习惯与坏习惯不断斗争的过程，绝不是一朝一夕的事情。虽然孩子很容易认同父母所讲的"道理和方法"，但他们很难在听父母讲道理之后，就立刻能掌握并养成好的学习习惯。如果父母不能认识到这一点，就会很容易被自己设定的过高期望所伤害。

此外，父母陪伴孩子的心理状态和方式方法很重要。如果父母以焦虑的状态陪伴孩子，会将焦虑和恐惧传递给孩子，降低孩子的自我认同，更别提养成好习惯了。尽管小宇父母的陪伴在表面看来，使孩子的作业情况有了一定的改善，但是从长远来看，这种不正确的陪伴伤害了亲子之间的关系，孩子的自我认同也会降低，并不利于他发自内心地主动改善自己，养成良好的学习习惯。

• 温馨贴士

那么到底怎样的陪伴才能帮助孩子养成良好的学习习惯呢？

一、激发兴趣，鼓励自信

对于学习刚刚起步，习惯尚未养成的孩子来说，面对学习上日益复杂的要求，本能地会有畏难心理。此时，父母可以告诉孩子要养成哪些良好的学习习惯，鼓励孩子大胆挑战自己。父母也可以尝试使用代币制的方式激发孩子的兴趣，让孩子在进步的过程中感受到乐趣和肯定。

二、明确要求，示范细节

明确告诉孩子要养成的学习习惯有哪些具体要求，向他们解释清楚要怎样才能达到这样的要求，为什么要这么做，同时亲自示范给孩子看。比如教孩子预习，我们可以让孩子先明确要求，告诉他们预习方法，再给他们示范预习分为几个步骤，每一步应该怎么做，为什么这样做，同时可以和孩子讨论怎样可以做得更好，鼓励孩子们关注细节，带着思考来主动学习。

三、积极沟通，肯定强化

好习惯的养成需要经过长期的反复训练，还需要父母的积极沟通和持续肯定来强化。比如一个孩子作业拖拉，你要帮他养成专心做作业的好习惯。但如果只是一味要求结果，不关注孩子问题背后的原因，可能会事倍功半。积极沟通，了解孩子，才能更好帮到孩子。孩子写作业慢，有可能是因为他条理性差，方法有问题；也有可能是基础差，缺乏兴趣；还有可能是时间观念不强。家长一定要找到原因，对症下药，才能真正帮到孩子。同时，在孩子改进的过程中，要持续用肯定的言行来强化孩子的做法，帮助他们养成好习惯。

在陪伴孩子养成良好学习习惯的过程中，对不同年龄段的孩子，家长要关注的重点也有所不同。我们要了解自己的孩子，从精神上鼓励他们，在行动上指导他们，在情感上肯定他们，根据孩子自身的情况慢慢地由扶到放。好习惯的培养要趁早，如果你想从小学三年级，或者是初中三年级开始,再去培养孩子良好的学习习惯,那样需要的时间会大大延长。因为,你可能要花大量的时间先帮孩子改掉不良的习惯。

(上海市浦东新区福山外国语小学　王晓)

06
奶奶帮你做

——如何培养孩子的动手能力

现在大都是独生子女家庭，几个大人围着孩子转，爷爷奶奶更是舍不得孩子动手做事，恨不得什么事都替孩子做了。

现在许多父母认为，要孩子聪明，就是多教孩子知识，而不懂得如何发展孩子的动手能力，训练孩子的双手。其实培养孩子的动手能力，会使孩子的思维更灵活，更富有创造力。孩子的智慧是在实践活动中形成和发展的，手指活动越多越精细，就越能刺激大脑皮层上相应的运动区域，使大脑的思维活跃，智能发展迅速，同时又促进手的动作更加灵活协调。

故事分享

小辉回到家，告诉妈妈今天的家庭作业是要做一个长方体和一个正方体。小辉拿出了老师发下来的硬纸板，拿好剪刀，兴致勃勃地开始做起来。他先按照上面画好的长方体的表面展开图剪下来。

奶奶走出厨房，看到小辉剪得弯弯扭扭的纸板不禁叫道："宝宝，你怎么剪得这么难看？"小辉就停下了。"奶奶帮你剪。"奶奶拿起剪刀咔嚓咔嚓就帮小辉剪好了。妈妈看到了皱着眉说："妈，你让宝宝自己剪吧！"奶奶只好放下，回到了厨房。

一会奶奶又出来了,看见小辉在将长方体粘起来,但是粘得很难看,有点高低不平,奶奶于是帮小辉重新折好,重新粘好,长方体看上去整齐多了。

一旁的妈妈无奈地摇着头……

点滴感悟

小辉父母自己没时间带孩子,就把孩子交给爷爷奶奶带,小辉的奶奶对小辉可以说是溺爱过度。因此小辉在自理能力和生活能力上都是比较欠缺的——不会系鞋带、穿衣服,有时还要奶奶喂饭吃。奶奶认为孩子年龄小、能力差,很多事情以后再学习也不晚;同时也是怕麻烦,与其让孩子慢慢学,不如自己替他做。在这种情况下,孩子缺少学习的机会,在学习过程中因为缺少家长的鼓励和引导而产生畏难情绪。对家长的依赖心理,压制了孩子生活自理的需要,阻碍了孩子生活自理经验的学习。因此,就造成了孩子参与自理生活的积极性非常高,但自理生活能力却很低的状况。

在许多家长心中,孩子的一切为了最终的目标——考上大学或者考上好的大学。家长倾注的中心一般是孩子的智力投资,很少有人在孩子的其他方面做投资,特别是动手能力和实践操作能力上。家长对孩子进行全包服务,孩子的动手能力和自理能力丧失,从而使孩子丧失社会适应能力、自我创造能力、责任心和义务感。

平时缺少训练的孩子和一些操作敏感性较低的孩子动手能力往往比较差。孩子生活自理能力的发展会不同程度地、直接或间接地影响他们心理素质的发展。如独立性、操作能力、自控能力等,这在很大程度上影响了他们日后各个方面的发展。

● 温馨贴士

一、改变观念，增强内驱力

父母要改变错误教育观念，切忌溺爱。"只要孩子学习成绩好就行，其他的父母可以代劳"，这样的观念是错误的。要让孩子明白"父母不能照顾孩子一辈子，自己的事一定要自己做"的道理。让孩子了解父母的工作，了解父母养家的不易，学会为父母分忧。选择一些榜样的故事，让孩子通过比较来体验自己的幸福生活。增强孩子提高动手能力的内驱力。

二、游戏活动，训练手指

孩子动作协调能力的发展和肌肉发育有直接联系，尤其与高级神经系统发展密切相关。我们可以带孩子上训练手指灵活性的实践课。我们可以遵循孩子的心理特点和动手规律，选择一些结构性强、操作性强，能引起孩子持久注意力的玩具，训练孩子手指的灵活性。在摆弄玩具的过程中，如拼图、搭积木、玩橡皮泥、折纸、剪纸、穿珠子、绘画、弹钢琴等训练孩子手的动作，还可以通过打电脑小游戏，来促进孩子的手精细活动能力的提高，也培养了孩子的创造能力。

三、家务劳动，锻炼能力

父母应根据孩子的年龄和身体状况，选择其力所能及的家务劳动。在指导孩子做家务时，父母要求要明确，先做示范，安全第一，培养习惯，鼓励创造。在做家务时要及时给予鼓励，让孩子体会成就感和自豪感。持之以恒的家务劳动，能培养孩子的自理能力、动手能力、恒心、爱心和责任心。

美国哈佛大学的一些社会学家、行为学家和儿童教育专家，在对波士顿地区400多名少年儿童所做的长达20年的跟踪调查中发现，动手能力强的孩子与不爱动手的孩子相比，长大后的失业率为1∶15，犯罪率为1∶10，平均收入要高出20％左右。这似乎从一个方面证明了动手能力与孩子的成才有着相当密切的关系，也启发我们从更广泛的意义上去认识动手能力对孩子成长的作用。

（上海市浦东新区顾路小学　孙群）

07
擦亮心窗，看见美好
——如何科学用眼

  眼睛是心灵的窗户，拥有一双健康明亮的眼睛，不仅能为颜值气质加分，还能将七彩斑斓、千姿百态的世界尽收眼底，也能够便于生活与学习。然而，首都医科大学于2010年对北京市3536名中小学生进行的近视调查显示，北京市中小学生近视患病率为68.2%，其中小学生近视率50.1%、中学生近视率高达82.7%。环顾我们周边，不戴眼镜的已经成为珍贵的"稀缺人种"。近年来，随着手机和平板电脑的普及，近视越来越有低龄化倾向，一些小学低年级的学生甚至幼儿园孩子都成为近视人群，这不能不引起家长的重视。

故事分享

  琴琴上小学三年级了，往年的学习成绩都比较好，最近却突然出现了学习成绩下降的现象。班主任和琴琴妈妈反映，最近琴琴上课总是揉眼睛或扭脑袋，或者和同桌窃窃私语。老师询问过琴琴原因，琴琴只是说看得不是很清楚，其他也不愿意多说，班主任批评过几次也没有任何效果。接到班主任的反映之后，妈妈和琴琴仔细地沟通了一下，才知道女儿是因为视力有所下降，才会上课揉眼睛或扭脑袋，实在看不清的情况下只能问同桌。

妈妈带琴琴去医院检查，才发现琴琴的近视已经有300多度了，幸好发现得早，及时佩戴眼镜，才阻止了视力进一步恶化。但妈妈也开始反思，琴琴从上幼儿园就开始画画、学英语，小学之后还加了奥数、作文等辅导班，孩子平时要学习写作业，到了周末还是要学习写作业，眼睛肯定支撑不住了。

点滴感悟

眼睛是人体比较娇嫩的一个器官，需要精心呵护。四周岁之后，儿童眼睛各个方面的发育才相对成熟，在此之前，过度用眼会导致近视的提前发生，这就是很多看平板电脑和手机的幼儿发生近视的原因。然而，即便眼球结构发育成熟，过度用眼同样会导致近视。

琴琴的案例是中国诸多学龄儿童的写照，为了取得好的成绩，超负荷学习，户外运动的缺失、手机平板电脑的普及，都使得孩子近视的可能性大幅度提高，同时也导致近视的发生更趋于低龄化。

慢慢减轻眼睛负荷，改变不良用眼习惯，才能"拨开云雾见月明"。

● 温馨贴士

一、电脑手机少接触

随着平板电脑和手机的普及，不少成人逐渐演化成"手机控""电脑控"，孩子们也不知不觉受到了影响。经过亲身体验，孩子们也发现手机和电脑确实是一个巨大的"宝藏"，取之不尽、用之不竭的游戏和信息，让孩子们在扑面而来的"有趣"中迷失自己，一玩就几个小时。因此，学龄前的孩子，由于自制力比较弱，爸爸妈妈应以身作则，尽量不要在孩子面前玩电脑和手机，更不要提供手机和电脑给他们玩乐，以免孩子深陷其中而难以自拔。尤其是4岁以下眼球结构发育不完全的孩子,更要做到让他们与电子产品零接触;中小学生则应该养成每次只玩半个小时便休息的习惯,避免眼球疲劳。

二、看书写字姿势端正

读书或写字时,眼与书本应保持一尺左右的距离。可以为孩子配备高低得当的桌椅,以及调整身体姿势的一些用品,帮助孩子写字时不歪头。同时提醒孩子不要在光线弱的地方,在行走、坐车或乘船途中读书、看报。

三、学习休闲相交替

长时间近距离地对着书本会让双眼很容易疲劳。因此,让孩子懂得劳逸结合,学习和休闲相交替,才能减少近视的发生。休闲时间尽量不要看电视或打电脑游戏,而应该以户外运动、旅游为主。同时定期做眼保健操,保持眼部的运动,都能有比较好的护眼作用。孩子在运动、游山玩水的过程中是给眼睛舒适的放松,而眼保健操则是让眼睛舒适的运动。

四、合理饮食促健康

中小学生用眼较多,除了前面几种方法,食疗可以起到辅助作用。富含维生素A的食物,包括五颜六色的水果和蔬菜,如胡萝卜、红薯、杧果和木瓜;动物内脏及乳酪、鸡蛋、鱼肉、牛奶、酸奶;贝类和瓜子;蓝莓和黑莓;油性鱼类;等等,都可以起到一定的护眼作用。爸爸妈妈可以给孩子们多吃这些食物。

中国多年来居高不下的近视率在很大程度上归结于重学习不重运动,重成绩不重发展,重结果不重过程的教育形势。很多家长虽然想给孩子足够的时间和空间,却在残酷的现实中频频陷入无奈。近视的高发,正是这些问题

的外化与凸显。

但是,如果让家长慎重选择是让孩子拥有明亮清澈的视力以及健康强壮的体魄还是好的学习成绩,相信很多家长还是会选择前者,只是在过程中不知不觉偏移了重心,或者忽视了日常的护理,等发现的时候近视已经铸成。因此,家长应时刻提醒自己,时刻关注孩子。因为人生不只有学习,还有很多美丽的风景要去看,擦亮心窗,让孩子能看见更多的美好。

(上海市浦东教育发展研究院　章学云)

08
做作业是孩子自己的事
——如何陪孩子做作业

孩子进入小学之后,"学习""读书""写作业"就成了生活必不可少的部分。虽然教育部一直提倡"素质教育""减负",但为了检验学习效果,作业从来没有从学校这一舞台中消失。作业从原来单一的手写演化成各种新的形式——口头作业、手工作业、实践作业等,同时还要求爸爸妈妈也参与到孩子的作业中来——督促完成情况,检查完成效果,签字以示负责。

小时候基本上自己完成作业的"70后""80后",在参与到自己孩子做作业的过程中时,便遇到了各种各样的问题:何时陪,怎么陪,陪了之后如何避免孩子养成依赖性?如何使陪与不陪时孩子的作业质量都有保证?这些都是困扰爸爸妈妈们的难题。

故事分享

"妈妈,你要在我身边陪我做作业!我这么辛苦地做作业,你也不可以看电视、玩电脑!"

"妈妈,我遇到了道难题,快,告诉我怎么做!"

"妈妈,你帮我检查一下,看看哪里还有遗漏或错误。明天如果哪里出问题了,老师要批评我的!"

"妈妈,你快帮我去拿一下计算器,刚才我忘记拿了。"

"妈妈……"

小雨的妈妈自从女儿上学之后,已经度过了5年这样的生活,眼见小雨小学都要毕业了,可是做作业要大人陪的习惯却一点也没改过。三年级的时候,妈妈和她商量着自己完成作业,可实行了两个星期,小雨的作业质量直线下降,天天被老师批评,小雨怪妈妈,妈妈自己也很内疚,于是又回到了老路上。

点滴感悟

小学低年级是培养孩子养成良好学习习惯的黄金时期,因为这个时段的孩子兴趣广泛,求知欲旺盛,可塑性强,所以老师和爸爸妈妈们都知道在这个阶段应该倾注多点时间来培养孩子的良好习惯。只是,由于孩子存在注意力集中时间短、好动好玩、自制力低的特点,仅靠老师的一己之力是远远不够的,这也就是老师希望爸爸妈妈能够贡献教育力量的原因。

可见,在小学一、二年级阶段,当教师布置的作业需要爸爸妈妈辅助完成的时候,家长应该配合。但这种配合并不能盲目:不是替孩子包办代办,也不是被孩子绑缚无自由,而应该提供"支架",让孩子在爸爸妈妈"支架"的帮助下不断地寻求有效率地完成作业的方法。随着年龄的增长,孩子认知能力、自我意识和自控力等逐渐增强,当爸爸妈妈的"支架"撤走,孩子自己也能自觉、高效地完成作业。

上文的案例中,小雨在小学入学时,妈妈尽心尽力地陪她做作业,这确实是负责任的作为。只是,"好的开始是成功的一半",小雨妈妈在刚开始的时候并没有意识到自己的"支架"角色,而是起了代替包办的作用:当女儿做作业的时候,自己全神贯注地"盯着",时间一长也就丧失了自己的自由;当女儿遇到难题的时候,没有想办法鼓励孩子自己去探索,而是急着送上了答案或解题思路,从而剥夺了孩子独立思考的意愿;当女儿忘记拿学习用品时，自己也是尽心竭力地帮女儿拿好，从而去除了孩子自己准备学习用品的机会……

做作业的一个或两个小时里，女儿基本上遇到什么问题都由妈妈来解决，妈妈当然会感觉疲于应付。

● **温馨贴士**

一、定位准确，避免主体错乱

我们用下棋时双方的博弈来做比喻。孩子入学初期，陪伴孩子做作业利大于弊。然而，只要是双方共同完成的事情，必然存在力量的博弈，为了防患于未然，爸爸妈妈一定要找准定位，明确作业是孩子自己的事情，而不是爸爸妈妈的事情，一定要避免自己成为孩子作业的主要负责人。"一招不慎，满盘皆输"，准确的定位，才能让双方的力量博弈求得平衡。假如一开始确立的就是爸爸妈妈代办作业，那么博弈的局面一旦确立，就非常难纠正过来。

二、支持、鼓励，但不包办

有了准确的定位，也要明确自己的行动方向。作业是孩子的事情，那么爸爸妈妈究竟该如何行动？不理不睬，在旁边玩手机，还是看在眼里，急在嘴上，不是催促，就是批评，甚至看不过去的时候自己卷袖子动手做？显然，这些都会给孩子带来很不好的影响。上文案例中小雨说："我这么辛苦地做作业，你也不可以看电视、玩电脑！"孩子的内心渴望的是一个同伴，如果父母玩手机，显然给孩子极大的反刺激，但如果不断地催促、指责，又是极大的负面干扰。

因此，父母可以提供一个安全温暖的"支架"：孩子，你做你的，我在旁边看书看报或写材料，你有需要就叫我，爸爸妈妈一直在你身边，咱们共同进步（这样也保证了父母自身的自由）；你有不懂的就叫我，我们可以一起探讨，但最终的问题还是要你自己去解决。这个"支架"，会让孩子在温暖的支持和关爱下自主探索，奋力向前。

三、把握终极目的，不为作业的结果承担责任

定位很关键，过程很重要，结果也不能忽略。做到前面两点不一定能保证孩子的作业完成得非常完美，因为他们毕竟年幼，而且学习新知识对他们来说也不是一蹴而就的。做作业的终极目的是发现孩子学习中的不足，而不是要表现得什么都会。因此，我们可以带着孩子发现作业中的错误，却不要直接指出这些错误。如果孩子实在不明白，也不要替孩子改正，可以和老师们沟通，将"并不完美"的作业带到学校，得到老师们的专业指点。孩子在这个过程中将会获得一步步的成长，也学会为自己的作业承担责任。

孩子做作业时状况百出，是不是与迷茫、不知所措的爸爸妈妈息息相关？作业的本质，是孩子检验自己学习结果的手段，是孩子自己的事情，不是父母的事情。父母要给自己准确定位，给孩子提供足够的关爱与支持，做到让孩子做作业的主人，为自己的作业承担责任。

（上海市浦东教育发展研究院　章学云）

09
做时间的主人

——怎样培养孩子的时间观念？

孩子没有时间观念？写作业拖拖拉拉？做什么事情都不紧不慢？家长急得团团转，孩子反而从容淡定，这种情况不知道各位家长有没有经常遇到？好的习惯往往能令人终身受益。所以，从这个意义上说，良好的时间观念与孩子的健康成长也是密不可分的。我们要在孩子还没有完全形成坏习惯之前，培养出孩子的时间观念以及对时间的管理能力！

故事分享

"小宇，已经9点了，你的学校作业怎么还没有完成？是不是又在发呆？抓紧时间，你等下还有家庭作业要做，还要练小提琴呢！"小宇的妈妈推开房门，气呼呼地对小宇说道。小宇委屈地说："那么多作业我已经很累了，我想睡觉了，明天再练琴吧。"看着小宇不紧不慢的样子，妈妈无奈地摇了摇头说："哎，明日复明日，明日何其多。你昨天也是这么说的，别的小朋友除了做作业还有时间可以玩呢！"

点滴感悟

造成孩子做事拖拉，没有时间观念的原因是多种多样的。

有的孩子缺乏做事的连续性。从磨蹭拖拉的孩子做事情况来看，他们几乎都是边做事边玩儿，或者一件事没有做完就转而去做其他的事，这种做事的不完整性让孩子很难保持高度集中的注意力。

有的孩子缺乏良好学习习惯的培养。做作业磨磨蹭蹭的孩子，在生活秩序方面通常也是乱糟糟的。如果家长只把目光盯在孩子的学习上，那是无法从根本上解决问题的。良好的学习习惯是建立在拥有良好生活习惯的基础上的，孩子在了解时间的意义，建立做事的节奏感后，才能在习惯养成的前提下，一点点建立起学习的好习惯。

有的孩子受隔代教育的影响。经常听一些家长说自己工作很忙很累，不得已只能把孩子交由老人来照顾生活，以及负责上学的接送。这在一定程度上也会让孩子因为老人在生活中的包办代替而逐渐失去责任心，失去自我做事的动力。

● 温馨贴士

那么，孩子磨磨蹭蹭，缺乏时间观念，有什么解决方法吗？

一、让孩子拥有对时间的自主感

孩子没有成人那种"一寸光阴一寸金"的概念，这就需要父母帮助孩子树立遵守时间、珍惜时间的良好时间观念。把每天孩子需要完成的学习任务进行一个时间预计，一定要给孩子留下可自由支配的时间。每次给1~2小时就可以了，也不需太多。

二、让时间"看得见"

6~7岁的时候，大部分孩子已学会认识钟表，并对时间以及与时间相关的规则有一定概念。对于孩子来说，完全有意愿和能力自由支配本就属于自己的时间。家长可以在家里显眼的位置摆个时钟，给孩子购买一个手表，这样家长就可以指指墙上的时钟，或者问他现在几点几分了，孩子就会明确时间，做自己该做的事。

三、制定时间任务表

做作业时，家长不妨与孩子商量好做作业的时间和休息的时间，这样使孩子具有一定的紧迫感，加强了注意力，最终学习效率也会得以提高。孩子自己制订计划表，能够让他明白时间的重要性，计划好的事情要按时完成，否则后面的计划就无法完成。制订计划表，可以有效地培养孩子的时间观念，珍惜时间。

四、奖惩分明

如果刚开始孩子还没有时间观念，在做某件事情前家长要和孩子约定好时间，先约法三章，这样可以减少不必要的冲突和亲子关系危机。由于都是事先约定好的，到了约定的时间，就一定要遵守约定，并且告诉孩子如果遵守约定，将会得到一定的奖励。如果没有遵守约定，将会受到惩罚。

"时间"是个看不见、摸不着的概念，很难通过解释说明的方式，让孩子了解到它的意义。因此，家长应该通过培养孩子有规律的生活，将时间概念以非常自然的方式融入日常生活。让吃饭、睡觉，都变成培养孩子时间观念的一个环节，让孩子做自己时间的主人。

（上海市浦东新区临沂二村小学　孙妮）

10
如何让孩子养成爱读书的习惯?

"我的孩子不喜欢阅读怎么办?"这是我们听到家长抱怨最多的一句话。其实,每次听到这句话的时候,作为家长你反问一下自己:"我知道我的孩子为什么不喜欢阅读吗?"好多家长都是很无奈地摇摇头。殊不知,孩子不喜欢阅读都是有一定原因的。作为家长,你知道如何让自己的孩子爱上阅读吗?

故事分享

最近,小王妈妈心里比较烦,孩子已经读一年级了,学校作业不多,所以想让他晚上完成作业后读点书,这样可以多认一些字,增长课外知识。可是实施起来总是很难,小王要么推说等一下,要么拿起手机说玩一会,就算拿起了书本,一会儿就说看好了(其实根本没有怎么看)。小王妈妈困惑了:怎么我的孩子会不喜欢阅读呢?想想夫妻俩都是大学毕业,而且学生时代也都挺喜欢看书的,难道是遗传基因出了问题?

> **点滴感悟**

孩子不喜欢看书，是什么原因引起的呢？我们发现，大部分家长为孩子买的大多是认物识字类的卡片和读本，或是配有拼音的读本故事。通常是妈妈拿出卡片，让孩子一遍又一遍地认识物体、认字、学拼音，孩子在这样的阅读中，常常做反复机械工作，感受不到阅读的快乐，没有互动参与，自然就没有兴趣阅读了。

另外，家长常常要求孩子读书，可是自己从来不读书，孩子身边没有读书的氛围，也就很难激起读书的欲望了。

尤其在当今社会，电子产品已经深入到家庭，几乎每家每户都有智能手机、智能平板电脑，丰富多彩的视频比起纸质的书本更能吸引孩子的注意力。

- **温馨贴士**

  要改变这种局面，我们家长可以做到以下几点：

  一、做孩子的榜样，营造一个良好的读书环境

  如果想让自己的孩子喜欢读书，首先家长也得喜欢读书才行。家长要以身作则，影响孩子。另一方面给孩子创造一个好的环境，例如在家里规定一个固定的时间段，并在一个固定的地点，要求孩子必须读书，这段时间里谁也不要去打扰孩子。

  二、了解孩子需求，让孩子体会读书的快乐

  降低我们对孩子的要求，把阅读看作是像吃饭、走路一样的日常生活行为。从孩子成长的特点出发，为孩子挑选读物。当孩子有效阅读完文章时，要多鼓励和夸奖孩子，这时孩子会感受到读书的快乐，

打从心里爱上读书。

三、开展亲子共读，让孩子知道读书的重要性

家长平时可以和孩子开展共读一本书的活动，在读书的过程中，家长和孩子可以共同提问，大家带着问题阅读。可以让孩子多回答问题，同时家长与孩子也可以配合共读的故事继续创编新的故事，这比读故事本身更有趣味，也更让人惊喜。家长在这个过程中适当地表扬、肯定孩子，让孩子获得成就感，也能激发孩子读书的兴趣。

四、适当使用电子设备，常带孩子去图书室

有专家指出，纸质阅读跟电子阅读相比，在培养孩子想象力方面有着巨大的差异，阅读纸质图书的孩子更具有想象力。因此，我们要控制孩子使用电子设备的时间，经常带孩子去图书室、书店等地方，让孩子在书香气息浓厚的地方体会到读书的好处。

阅读，是人生一个巨大的宝藏。家长所要做的，就是把孩子引导到宝藏的洞口，让孩子去发现，去寻找，去体会阅读的乐趣。我们家长不用在意给孩子买了多少本书；不用在意孩子读了多少本书，别人读了多少本书；不用去和别人竞赛，也没有什么必读之书，只要孩子享受阅读就好。

（上海市第六师范学校第二附属小学　盛秋蓉）

11
此"多动"非彼"多动"

许多家有一宝的宝爸宝妈们有时候对自家宝贝的淘气可真是又爱又恨。这些"小天使"有时变身"小恶魔",爱蹦爱跳、贪玩又坐不住。他们幼稚、天真活泼、精力充沛,对外界的一切事物倍感新鲜,总想亲自摸一摸,动一动或是实践一番。调皮得让爸妈不禁怀疑,自己家的孩子是不是有些问题?

故事分享

小海是个二年级的小男生,由于父母忙于工作,小海是爷爷奶奶一手带大,直到上小学才回到爸妈身边。小海从小就活泼好动,又备受长辈们宠爱,大人们觉得淘气是孩子的天性,长大了就会变好的。可是,上学后的小海更让爸妈头疼不已,上课时特别好动,课桌里的任何东西都可以成为他的玩具,注意力持续的时间短,常常走神,不太愿意主动参与学习。由此,小海的听课效果可想而知,作业也拖拖拉拉,需要老师多次督促,有时需要坐在老师身边才能完成,成绩更是不要提了。望着一刻不停的小海,亲友们纷纷建议爸妈带小海去看医生——那不就是传说中的"多动症"么!

点滴感悟

实际上,淘气与医学上所说的儿童多动症是两种不同的概念。前者是指正常儿童的顽皮现象,后者则属异常的行为障碍。从生理上看,小朋友大脑的抑制能力不如成人,所以,小孩子表现活跃,却不稳定,易激惹,不听话,也不像成人那样坐得住。因此,孩子贪玩、喜动、淘气是符合儿童生理、心理发展特点的正常现象。作为大人的我们千万不要武断地下结论,而是要分析问题背后隐藏着的各种原因,然后再有针对性地采取相应的对策,齐心协力共同度过孩子人生中的困难时期。

温馨贴士

"多动症"全称为注意缺陷多动障碍(简称ADHD),是儿童注意力缺乏、唤起过度、活动过多、冲动性和延迟满足困难等一系列心理、行为问题的总称。多动症的最新临床诊断标准是1989年由美国精神病学会制定的,共有14条诊断表现。如果爸妈自己无法区分,可去专科医院让医生鉴别。不过,孩子的顽皮、不稳定的确会给他们带来不小的心理压力。像上文的小海由于自控、自理能力差,以及注意力不集中,造成了学习上的困难,又由于学习不好,在班级中处于劣势,少有朋友,影响了他正常的人际关系和身心健康。因此,作为父母可以从以下几个方面着手来帮助自己的孩子。

一、释放孩子过剩的精力

家长和老师要组织好动的孩子,让他们多参加各种体育活动,如晨跑、打球、骑车等,做一些耗费体力的事让他们过多的精力能释放出来。特别是早晨的锻炼可以让孩子接下来的学习变得更专注,更有效率。美国的一所学校对此做了专门的研究和尝试,效果显著。

二、培养孩子的注意力和自控力

孩子在尝试自己从事感兴趣的活动，如看书、听故事、做手工时，爸妈尽量不去打扰他们。培养孩子良好的注意力。随着孩子年龄增长，可以让他下下棋、写写书法、学画画等，锻炼注意力的集中和持久性。与此同时，父母还要提高孩子的认知，让他知道什么事该做，什么事不该做，学会正确判断和评价自己的行为；家里可以制订一些规章制度和行为准则，约束每位家庭成员的行为，帮助孩子养成良好的行为习惯。

三、培养孩子做事有始有终的良好习惯

多动的孩子往往容易受外界事物的干扰和影响，如别人正在看的电视节目，窗外走过的同学等都会使孩子放下手中的笔。家中多是做了一半的手工，看了一半的书，画了一半的画。爸妈需要多给予孩子关心和指导，鼓励他们坚持把每一件事做完做好而不是半途而废。

四、相信医生的专业心理治疗

如果家中的宝贝真的患了多动症，那就需要爸妈配合医生的专业诊断和治疗。要知道矫正治疗孩子的多动症是一个长期的过程，需要多方联手，耐心地进行引导和矫治，切不可粗暴打、骂，否则极有可能使病情加剧，影响孩子的身心健康。

我们既不能"见风就是雨"，给孩子乱扣上多动症的"帽子"，也不能漠视孩子成长中的各种问题。对一些不端的行为，也应及时坚决地制止。做一个有心用心的家长，我们的孩子才能健康顺利地度过每个关键期！

（上海市浦东新区新世界实验小学　胡洁）

12
"粗心"真的是个问题

"你这个孩子,怎么又那么粗心。草稿上写的是'6',怎么抄到卷子上就成'0'了?"这样的对话相信家长们都很熟悉。许多家长都有这样的疑惑:自己的孩子挺聪明,有点难度的思考题都不在话下,可为什么考试测验的成绩却很少得满分?平时练习的量也不算少,可有些问题一错再错,收效甚微。虽然老师和家长一再提醒孩子们做题要仔细,可孩子们的"低级错误"还是时有发生。原因何在?今天我们就这个话题做一次深入的探讨。

故事分享

书迪是个可爱的女孩。能歌善舞,喜欢看书,阅读理解能力也很强,学习成绩总体不错,唯一的遗憾就是每次的数学考试成绩总不尽如人意。发挥稳定时成绩会在90分以上,失常的话80多分也会有,离满分还有距离。妈妈很着急,一有空就让书迪做练习,卷子做了一大堆,可书迪的成绩还是摇摆不定,总是差了那么一点儿。妈妈很苦恼,自家女儿又不笨,为啥成绩不能有突破?书迪也很苦恼,自己"刷"了那么多题,可为啥成绩还没提高? 要怪就怪自己太粗心!

点滴感悟

培养孩子快速准确地解题的能力是家长和老师的一项重要任务。特别在数学学科的学习过程中，如何帮助孩子杜绝粗心，值得家长、老师们研究和深思。其实，在去除了概念、定律等相关未理解掌握好的因素外，小学生的许多"低级错误"大多是由心理方面的因素引起的。由此可见，"粗心"可真的是个问题。了解引发粗心的心理因素，采取相应的措施训练，才能避免粗心从而有效提高学习成绩。

● 温馨贴士

引发粗心的心理因素归纳起来主要有以下几种。

一、感知觉出现了偏差

小学生在感知事物时往往只注意事物的表面现象而不注意细节。特别是感知比较抽象的符号、数字更容易引起疲劳，造成不仔细、不全面的后果。上文说到的把"6"抄成了"0"就是相近数抄错的例子。或者产生错觉，如"6+4-6+4=0"就是忽略运算顺序倾向于记忆中的相似信息而产生的错误。小学生的感知还容易受到外界刺激成分的影响，极具选择色彩，特别是在简便运算、凑整数等运算中较为常见。如运算"25×4"与"24×5"时，学生往往都会把答案写成100。究其原因是"25×4"能凑成整百这个特性孩子印象深刻，从而忽视了区分"25×4"与"24×5"的不同。

二、记忆因素造成的影响

孩子的短时和瞬时记忆水平较低也是影响做题准确性的一个因素。说白了就是记不住一些需要连续进行的步骤信息。在计算比较复杂的计算题时，例如"1000-658""967+1256"等计算题，有些孩子无法做好连续退位和进位，从而出现了错误。

三、注意力的问题

我们知道小学生的注意力是不稳定的，而且关注点较为狭窄。心理学研究发现，12岁以下儿童的可持续注意力在25分钟以内，而12岁以上儿童才达到30分钟。这就使得孩子们在解答一些结构复杂、步骤较多的题型时容易产生错误，再加上急于求成的心态，导致他们常常忽视了细节或处理不完整。例如，计算竖式时遗漏横式上的得数或余数，对数据较多的混合运算题会顾此失彼，无法应对，解答应用题时忘记了写单位名称，等等。

四、思维模式造成的干扰

人的思维总有一些定式，特别是小学生的心智不成熟，对老师的教学内容如果处在一知半解的情况下更容易出现问题。比如，在做"0×5"的计算时受"0+5=5"的思维定式的干扰，许多孩子的答案往往是5。当然，孩子的意志品质比较脆弱，如果课堂上教师的教学示范反复强化也会对孩子产生一定的负面影响，可能会影响孩子对新知识的学习。

以上是造成小学生粗心的一些心理因素，它们互相影响，互相作用。作为家长，我们可以这样做：

1. 训练孩子手、眼、口、脑的多方协调，培养孩子准确的感知能力。
2. 坚持记忆力多形式训练，激发孩子的学习兴趣。
3. 明辨概念是非，排除思维定式。把容易混淆的内容加以辨析，掌握知识的本质。
4. 重视态度，养成各种良好的学习习惯。

（上海市浦东新区新世界实验小学　胡洁）

13
"大假光临",一起走过

孩子的两个假期——寒假、暑假来临前,家长们是有喜也有忧呀!家长开心有很多与孩子相处的时光,孩子高兴有了充裕的自由支配的时间:可以睡到自然醒,可以玩个尽兴,甚至作业时间也变得有弹性……可是让家长烦心的事情也不少呀!假期生活该怎样安排?家长要工作,孩子怎么办?该不该把孩子托给教育机构?孩子假期作业不做怎么办?孩子不会管理时间怎么办?带孩子去哪里度假?如何让孩子过上安全又有意义的假期?……家长们忙碌着,操心着,可孩子们并不一定领情。就像网络上流传的"有一种冷叫你妈妈觉得你冷,有一种饿叫你奶奶觉得你饿",在有些孩子看来,有一种假期是你妈妈觉得你过得充实。

故事分享

小悦的妈妈不是老师,可是她常常戏说,放假前她就变身成为学校的教导主任了。因为她要为孩子排课表——她和校外老师联系协调,然后用Excel制作小悦的每日行程表。行程表具体到每天几点起床、睡觉,每天完成多少作业,几点去学游泳、写毛笔,几点去弹钢琴、跳拉丁舞,什么时候去学奥数、英语,等等。表格上的蓝色区域标注是亲子游的时间,红色区域是钢

琴考级的时间。小悦妈妈还说自己是家里的HR（英文"Human Resource"的简称，即人力资源负责人），她在每项计划内容后面都写上了负责人的名字。比如，学奥数是外公接送，学钢琴、跳拉丁舞是外婆负责，学游泳是每周两次，都是妈妈负责接送。表格最后一项是完成后打"√"。

小悦妈妈的暑假安排表在家长群中深受欢迎，很多家长都请求共享。

可是你问小悦她的假期怎么过？她回答："我不清楚！问我妈妈！"

点滴感悟

每年的"大假"——寒假和暑假，大部分父母花尽了心思，动足了脑筋，为孩子安排好，计划好。要吃好、玩好、学好、睡好、锻炼好，还要完成考级、参加各类比赛，行程排得满满的。低年级的孩子，配合和服从，到了中高年级，孩子渐渐"不领情"了，家长渐渐觉得孩子不配合了。

"假期做点作业要靠玩手机来作为交换，近视度数又加深了！"

"我们太忙没有空管她，花钱把她送到机构，有玩有乐，还有老师管作业，教英语，可她还说没劲！"

"我们带他出国游，花了钱，他还说和同学一起玩更开心！"

……

父母关心、爱护孩子，常常是事无巨细地帮孩子安排假期，甚至代孩子思考、替孩子做主。孩子的兴趣实际是父母的兴趣，孩子的想法是父母的想法。孩子渐渐习惯于"等""靠""要"——等父母来做决定，靠父母来安排生活，要父母来为自己服务。

假期来临，父母要了解掌握孩子所处年龄段的表现和成长特点，尊重孩子的合理需要。不是告诉孩子该怎么做，也不是撒手不管，而是引导孩子想出好的办法，和孩子一起商量，一起参与制订假期的方案。假期是孩子学习自律、负责、合作和解决问题能力的最佳时段。

> **温馨贴士**
>
> **一、给孩子选择，让孩子做主**
>
> 孩子是假期的主人，小学生的父母可以协助孩子一起制订计划，但是不能包办代替。在假期来临前，家长要了解孩子的需求，可以让孩子列出假期心愿清单。家长可以提一些建议，提供一些选择，让孩子自己来设计假期生活，可以用文字，也可用绘画，越具体越有利于实施。计划要张贴在显眼处。
>
> **二、开好家庭会议，交换意见**
>
> 假期计划应在全家人一致同意的基础上制订，父母可把假期生活的设计放到家庭会议的议程上去讨论。小学生的假期需要有成年人的看护，通过讨论，交换意见，孩子和父母达成共识，对于计划的实施能够提供有力的支撑。家庭会议的定期召开有利于加强父母和孩子之间的合作和亲密感，也有利于计划的实施与调整。
>
> **三、欢乐游戏，共建家庭时光**
>
> 在假期里建立起家庭的欢乐游戏时光。通过游戏激发孩子内在的自信力，并建立父母与孩子间亲密沟通的桥梁。关注孩子的需求，提高孩子的自我效能感。

寒、暑假是挑战，也是促进孩子成长的好机会，更是建立亲密的亲子关系的好时光。假期生活中父母和孩子交换意见，一起讨论，共同度过。定期开好家庭会议，让孩子的假期有规矩，有自由，帮助孩子学会选择，快乐自信地成长。孩子的自信和能力不是被给予的，是锻炼出来的。"大假光临"之时，请让孩子做主角。

（上海市杨浦区回民小学　胡菁）

14
"零起点"与"零准备"

面对教育部推出的减负措施——"零起点"教学模式,年轻的爸爸妈妈们态度各异:有的一知半解,不明白"零起点"到底是什么意思;有的欢呼庆幸,终于可以给自家宝贝一个完整的快乐童年;还有的纠结疑惑,幼小衔接,自己到底是坚持让孩子是"一张白纸"还是帮孩子"抢跑"?……家长在幼小衔接的过渡阶段需要做哪些准备?我们需要更多地关注孩子的哪些方面?显然,我们需要走进"零起点"。

故事分享

一天下午,凯凯妈妈找到了班主任金老师:"金老师,将近一个学期了,我怎么发觉我家凯凯学习状态越来越差了?"

"怎么啦?"

"我家凯凯在家里常常喜欢发呆,做作业也总是磨磨蹭蹭。他在学校里表现怎么样?我带凯凯去医院检查过了,医生说他就是注意力有点分散,容易分心,可是根本不是多动症。按理说,上小学前我家凯凯在机构里已经学了些语文、数学和英语等基本课程,总该有些优势吧?怎么他现在的表现和我想象中的情况一点也不一样呢？"

……

点滴感悟

曾经有位资深的教师就"零起点"做了有趣的比喻：一位妈妈带着孩子去看一个乐队表演，到了现场后她发现自己买的票没有一点优势，勉强只能算是比较靠前。等到乐队演出时，她惊讶地发现前排很多孩子事先做了准备，有的会唱，有的会进行互动。等到乐队表演到高潮的时候，前排的观众都"嗨"得纷纷站了起来，自己和孩子看不到演出了，只能也跟着站了起来，但是还差了一点点……

对于"零起点"，很多家长的想法和这个故事里的妈妈一样，许多时候许多事情并没有计划与准备。看到周围别的孩子在干什么，年轻的父母随时会心血来潮，产生不同的念头，许多时候更是人云亦云，跟着潮流走……

孩子作为新生入学，远比看乐队演出更为复杂。"零起点"并不等于"零准备"。作为家长，在孩子进行幼小衔接的时候，我们需要帮助孩子快速地适应小学的生活，从学习内容到孩子的心理状态，帮助孩子做好上学的各项准备。

● 温馨贴士

一、关注孩子成长过程中的变化

从幼儿园到小学，对于孩子来说学习内容、时间安排、学习方式等诸多方面都有着许多的差异。许多家长把"抢跑"误认为是提前学习拼音、外语，企图通过让孩子做大量的试题，来训练孩子对知识点的把握，这是违反孩子成长规律的。我们可以做到的是了解课程学习的要求，陪着孩子在游戏、阅读、运动等多种活动中养成诸多良好

习惯和技能。如简单的涂色游戏，既可以训练孩子稚嫩的手部肌肉，还能让孩子养成按要求认真做事的习惯。简单的拍皮球游戏，既能锻炼孩子协调能力，锻炼身体，又能教会他们简单的数数……

二、关注孩子的心理发展

幼小过渡对孩子来说是一件大事，孩子在这个阶段会经历许多的"第一次"，会拥有诸多的感受，而这些足以影响孩子对学习的兴趣、动力。年轻的爸爸妈妈不妨与孩子多做一些讨论，可以以自身的经历引发孩子对小学生活的憧憬和向往；凡是与孩子升小学有关的活动，主动与孩子协商，倾听他们的想法，及时了解他们对学校以及教师的看法。

孩子要入小学啦，他们将结束幼儿园自由自在的日子，要在老师的要求下，完成一定的学习任务，要在许多方面学会约束自己。总之，孩子从这时起，开始学习适应学校生活。在"零起点"的教育背景下，家长需要关注的不是孩子学习成绩的优劣，而在于打破"零准备"，关注孩子在非智力因素方面的问题，如注意力、自制力、独立性和培养良好习惯等方面。当孩子做了充足的准备，拥有这些良好的学习能力，他们会自信、独立、快乐地为自己添上那绚丽的一笔。

（上海市杨浦区控江二村小学分校　洪俊）

15
让运动成为生活的一部分

当今社会,家长们似乎有一个共识——不让孩子输在起跑线上。周末家长们带孩子辗转于各种兴趣班和补课班,却不会把运动和孩子的成长关联起来。运动的队伍中,孩子少之又少,反而爷爷奶奶们更热衷运动。家长更关注的是孩子能否进入一所好的学校,而运动没有被纳入计划之中。越来越少的孩子们去户外玩耍与运动,随之问题也出来了,孩子们在操场上没跑上几圈就跑不动了,根本没有耐力,孩子的体质也变差了。

家长更多地关注孩子的学业和特长,忽视了运动在孩子成长过程中有着不可低估的重要性。运动不仅能让人拥有更健康的体魄,同时还可以提升人的心理健康水平。作为家长更应该以身作则,带领自己的孩子一起"动"起来,帮助孩子树立坚持运动的理念。

故事分享

小豪是一名三年级学生,就读于一所数一数二的公办小学,学习成绩在班级中算不错。可是,说起运动真要了他的命。记得有一次,体育课上,测试跳绳,小豪还没有跳几下,就跳不动了,一旁的同学们看了,忍不住笑起来。小豪羞愧不已,绳子一扔,再也不跳了……

其实小豪上幼儿园的时候并不胖,由于不太适应入园的生活,小豪三天两头生病,三代单传的小豪俨然是爷爷奶奶的宝贝,他们为了让小豪少生病,只让小豪在幼儿园待半天。平时,爷爷奶奶怕孩子之间交叉感染,尽量减少小豪的外出时间,老的少的一起看看电视,这样也省事,孩子不会遇到磕磕碰碰的事。爸爸妈妈心里虽有意见,却拗不过二老。

进入小学了,爸爸妈妈接手管孩子,看看别的孩子学了很多,双休日小豪和妈妈又开始奔波于各种补习班。渐渐地,小豪变得有点宅,除了学习外出,其他时间都待在家里,连双休日也是躲在家里不出去。小豪在家看看电视,偶尔玩玩电子游戏,什么运动也不参加,身体也越来越胖。

点滴感悟

家长过度的保护、营养的过剩、平时缺乏运动等多方面的因素,让孩子体重超标。体重的超标不仅给孩子的健康带来了一系列的问题,也给孩子的心理造成伤害,因为慢慢长大,他们也会在乎别人对自己的形象的看法。

小豪变成如今的状态,是家长在后面助推的结果。父母工作忙,没有很多的时间陪伴孩子,将孩子托付给老一辈带。很多老一辈都像小豪的爷爷奶奶一样,认为照顾好小辈就是对他们的爱,在他们照顾孩子的过程中,孩子不生病就是健康。其实,健康包含的是身心健康。小豪不运动导致加速发胖,从而影响到他的心理——他害怕别人笑他胖。孩子的成长只有一次,大人之间应该协调好教育孩子的方法,不能以保护孩子的名义将孩子"困"在家里,运动习惯也要从小培养。

现在,很多家长忽略了运动对于孩子成长过程中所起的重要作用。研究也表明,经常运动的人幸福感强于不太运动的人。充分的有氧运动能提高大脑的记忆力和思维能力,长期坚持运动能使人身心健康。孩子们能否坚持运动,与个人的意志力有关,同时,家庭成员的支持也能让孩子更有动力，更长久地坚持下去。家庭中有很好的运动氛围，那么孩子也会更容易爱上运动。

● 温馨贴士

一、提倡亲子齐运动

父母希望孩子参加运动，自己首先要有积极参与的意识。在选择亲子运动项目的时候，家长要考虑孩子是否能够胜任，激发孩子内在动力，让孩子自主决定。这样，孩子才会以积极的情绪去体验运动，全身心地投入到亲子运动中，达到运动最理想的状态。家长要用自己的行动和热情去影响孩子，带领孩子一起运动起来。

二、寻找身边有趣的运动

运动不能局限于各种体育项目。对于孩子们来说，生活中有趣的运动，一样可以起到锻炼强身的作用，例如：在家中，床上翻翻跟斗、蹦蹦床；在外面，晒晒太阳踩影子等。家长要根据孩子不同的特质，选择不同的运动，还要根据孩子自身的体质来衡量这项活动是否适合孩子去做，发掘一下趣味性的运动，可以和孩子随时随地动起来。

三、远离游戏抵诱惑

电子游戏对男孩有很大的吸引力，游戏充斥着男孩们的日常生活。现在"低头族"越来越低龄化，而男孩子更容易对游戏上瘾。越来越多的男孩减少室外玩耍，宅在家里玩各种电子游戏，在游戏中发挥着他们的主控力，因此，现在男孩肥胖概率要比父辈更高。家长们要带动家中的男孩抵制游戏的诱惑，积极投入到运动中，在运动中释放男孩的能量，培养阳光男孩。

运动不仅能增强孩子的体质,也给孩子带来成功的体验。运动能促进人的智力发展,提升一个人的幸福感。正规的运动项目中需要遵守规则,需要迎难而上,这些良好的个性心理的培养,是孩子成长过程中不可缺少的。经常参加运动的人,更加乐观,更容易调节自己的心态。为了孩子们的将来,让运动成为我们生活中的一部分吧!

(上海市杨浦区平凉路第三小学　秦美)

16
让"奖牌"与"关爱"共存

现今社会涌现出一批"鸡血爸妈",他们热衷于四处收集教育培训信息,早在幼儿期就让孩子参加各类课程,进入小学更是将双休日排满。孩子的成绩也在班中名列前茅,赞誉声不断。选择让孩子拥有快乐童年的家长,担心过早的学习会给孩子的身心带来负面影响,驻足观望,然而他们往往抵挡不了"别人家的孩子"考试、竞赛捷报频传的压力,也被迫加入"鸡血爸妈"的行列。纠结的爸爸妈妈们将问题推向社会、教育体制等一些他们无法掌控的因素,却找不到解决问题的办法。

故事分享

"我回来啦!"

萌宝一进家门,奶奶满脸堆笑地捧着点心笑脸相迎。

"快点吃,宝宝。上学就没空陪奶奶聊天了,对吧?"奶奶怜惜地摸摸萌宝的头。

"萌宝,快把你的考卷拿出来,还有几道题,让你爸爸跟你讲解一下。"妈妈一边整理房间,一边催促玩手机的爸爸。

"我昨天已经教过他了,听不懂呀!"爸爸一脸无奈,"他还太小,等大了大概就理解了吧。"

"那还来得及呀？一脱节就差十万八千里。萌宝，快来再学一次，快呀！"

"妈妈，让我玩一会儿吧！"可怜的萌宝央求着。

"不行，题目不会做，什么也别想玩。"妈妈态度非常坚决。

点滴感悟

萌宝是小学生们的一个缩影，他们除了平日的学习，还要在双休日赶赴各类教育机构学习，在他们背后是焦虑观望着的家长们。

深度剖析这些"鸡血爸妈"的用心，实则是一颗关爱孩子的心。他们担心孩子在严酷的环境中没有相应的竞争力，因此不断加码。与此同时，"鸡血爸妈"也牺牲了自己休闲放松的时间。孩子们在爸爸妈妈的推动下，努力达成父母的心愿，把自己练成"牛娃""学霸"，捧得无数的奖牌和赞誉。但在这个过程中，很多孩子却感受不到父母无条件的关爱和温暖，印象中的爸爸妈妈都是"虎爸虎妈"。

我们在陪伴孩子成长的旅途中，常常会出现"奖牌"和"关爱"的拉锯战。有些时候，我们会更多地关注"奖牌"而忘了"关爱"，孩子在"关爱"中，就不能得到"奖牌"了吗？"奖牌"和"关爱"可以两者兼顾吗？

● 温馨贴士

一、爱来了，焦虑走了

心理学家研究发现，"爱"和"焦虑"两种情绪不能并存。当沉浸在"爱"中"焦虑"就不见了。如果父母将对孩子的爱适时地表达出来，会缓解自己的焦虑情绪，试想焦虑并不能帮助孩子应对困难，反而在自己与孩子之间构筑了围墙，让心底的爱无法流动。父母应尽可能地用爱表达，先处理情绪再处理事情。

二、内心安定助力增

美国心理学家霍金斯的能量级别理论中提到，内心淡定的心理能量级别是250分，有助于人"活在当下"，没有纠结和障碍。这种状态也能起到促进与他人积极沟通的作用。如果父母没有将孩子与其他孩子比较，嫉妒、羡慕、愤怒等情绪也不容易产生。如果父母不把学业成败作为考量孩子幸福与否的标准，就容易保持一颗平静淡定的心。同时，这种积极心态更能成为孩子成长道路上的坚实后盾。

三、赞赏祝福常伴随

孩子在追求卓越的过程中，需要父母的赞赏与祝福，这是一个良性循环的过程。父母应更多地看到孩子可喜的变化，用赞赏和美好的祝福肯定孩子的付出和努力。营造积极关爱的氛围，让自己和孩子在积极的情绪中一起应对挑战、迎接未来。

"奖牌"和"关爱"可以并存，父母以内心的爱来主导。面对竞争与压力，父母应该调节自己的心态，以平静的心，用欣赏的眼光看待孩子们的努力和进步，用美好的祝福替换内心的担忧，用满满的正能量托起即将展翅的孩子们一路翱翔。

（上海市杨浦区上海理工大学附属小学　毛剑玲）

17
习惯是"陪"养出来的!

一直以来我们知道好习惯是培养出来的,家长们是"培养习惯"的策划者和推动者,而把关键人物"孩子"置于了被动的位置。如今,我们提出"陪"养这一概念,虽然只是换了一个"陪"字,但它包含着接纳与包容、陪伴与鼓励。使孩子们成为养成良好习惯的积极行动者,这其实是具有积极意义的观念转变,也是后现代人本主义精神的体现。

故事分享

嘀铃铃,下课的铃声响起。就在教室门打开的一瞬间,一凡奶奶已经进入教室来到了一凡的身旁,帮忙整理学习用品、整理课桌,忙得不亦乐乎。

"王老师,黑板先不要擦,我拍一下照片哦。"

"王老师,今天有学习任务,跟我说吧,孩子他回家也说不清楚呢。"

"一凡,课文背诵给老师听了吗?"

"一凡,这是课堂写字本,赶紧交给王老师。"

一凡的奶奶替一凡做着他该做的事情,而一凡犹如"慢郎中",镇定地坐在座位上,等着和奶奶一起回家。

点滴感悟

在一年级第一次家长会上，当老师说起一凡的故事时，家长们纷纷点头，一凡的表现在自己孩子身上也有出现。有位家长急着冒出了这句话："孩子上小学了，我真不知道怎么做家长了。"教室里一下子出现一片应和声。

其实，从一凡现象中我们发现，一个"慢"字打乱了整个家庭的节奏，为了顺利和迅速地完成学习任务，很多家长超越了陪读，直接进行了"代读"。而家长"代读"部分往往是学习习惯和学习兴趣培养的关键。学会整理学习用品可以为有效的自我管理奠定基础，按时记录和完成学习任务可以培养孩子的学习兴趣和责任感……看似细枝末节的小事却是关乎成长的大事。

对"陪"的具体解释，或许可以体现在"陪读""陪伴""培养"三个层次上，也对应着小学阶段的不同年级的不同任务。家长们在了解孩子的身心发展规律、关注孩子个体的性格特点的基础上，要及时更新和调整家庭教养方式，用智慧的方法来应对孩子的变化。

温馨贴士

一、黄金时间重关键

一、二年级孩子在学习和生活上非常依赖父母，这正是建立小学学习习惯的黄金期。父母在陪伴孩子学习的过程中，要耐心地教会孩子学习方法、指导孩子进行学习和时间管理，这个阶段养成的良好习惯将使孩子终身受益。

二、陪伴学习增兴趣

三、四年级是孩子学习和成长的关键期，他们不仅要了解知识架构，更要跨出自主探究、自主发展的重要一步，而这时候的"陪伴"

> 尤为重要,在关注行为习惯的同时,将重心转移到陪伴孩子阅读、锻炼、开发兴趣爱好上来。
>
> ### 三、授人以渔用终身
>
> "培养"无时无刻不渗透在家庭教育中,家长的榜样作用是授孩子以"渔"的重要支点。家长良好的学习工作状态和有效的自我管理为孩子起到示范作用,如此一来孩子就有动力自己攻克难题,对学习和生活充满斗志。

"培"有帮助、保护、教育的意思,即培养。"陪"与"培"两个字同音却不同义,在家庭教育中这两者更有着不同的内容和内涵意义。在学习习惯的培养和学习兴趣的激发过程中,我们家长可以努力地为孩子创设自我展示、自我管理的平台,鼓励、支持孩子绽放自我,相信我们的孩子一定能像雄鹰一般遨游在蓝天白云间。

(上海市杨浦区五角场小学　陈德隽)

Part 3
帮助孩子养成良好的性格

家庭的氛围、家庭成员之间的关系，在很大程度上会影响孩子性格的形成及发展。孩子健康、开朗是父母最大的心愿，因此在培养孩子乐观开朗的同时，家长自身的示范作用就尤为重要。

01
家有"变色龙"

"变色龙"是一种奇特的生物。众所周知,变色龙改变体色是为了伪装、保护自己,抵挡外界侵害,但很少有人知道变色龙变色是自身心情的反应或行为表现的需求。自然界中的动物会变色,人类也会"变色"——因为身处环境的不同而改变自己的行为及表现。有些"变色"行为可以改善人际关系、提升个人魅力,但有些"变色"行为却会给自己和他人带来困惑和伤害。

故事分享

浩浩,小学一年级新生。上周学校组织"家长开放日",浩浩妈在听完两节课后着急地找到班主任。

"徐老师您好,我们家浩浩很皮的,如果在学校有什么问题,麻烦您打电话或者发微信我,我们在家会教育的。"

"浩浩在学校没有很调皮啊。相反,我们都觉得他很乖巧老实。上课坐得笔直,下课也不太和同学发生争执,吃好午饭还会主动把桌子擦干净呢。"

"真的啊?!刚刚看到他上课没有插嘴没有做小动作,我也觉得很吃惊的。您是不知道哦，他在家完全不是这个样子。一回家就吵着吃零食，奶奶叫他洗手理都不理。吃完零食还要看动画片，晚饭从来不好好吃，这么大了还要爷爷奶奶追在后面喂。作业一定要等到我下班回来才做，做作业时也一刻不消停，批评他两句还要和我们还嘴，真拿他没办法……"浩浩妈一个人激动地说着。

点滴感悟

家有"变色龙"让很多家长苦恼不已——明明在学校乖得像只小绵羊，怎么一回家就变成"混世小魔王"了呢?

其实每个人的性格都具有多面性，儿童也不例外。当孩子身处学校时，会发现集体生活是有规范性和约束性的。同时，随着孩子年龄的增长以及自我意识的发展，孩子的自尊以及竞争意识也在不断发展。很多孩子会为了在集体中获得认可而表现得乖巧可人。

在孩子心中，家往往是最为熟悉，也最为放松的地方，因此他们会对自己的行为和表现毫无顾忌、不受约束，严重时就会转变为任性和霸道。

特别是有些家庭中，父母或者祖辈对于孩子的哭闹比较容易妥协，教养方式偏向溺爱，没有任何的规范性及约束力，孩子对于自己的行为完全不需加以控制。长此以往，就会形成心理定式，从而转化为行为习惯，这势必会造成"在校'小绵羊'，在家'小魔王'"的不良后果。

温馨贴士

一、有效沟通利成长

"倾听"和"共情"一直以来都是心理咨询时至关重要的两大法宝。作为家长，首先应该了解孩子的内心世界，只有当他完全信赖你、崇拜你时，你提出的要求才会得到他发自内心的认可。切忌一味

地重复唠叨或使用暴力，那只会引起孩子的反感，将孩子越推越远。

二、家校一致促成长

家长可以和学校老师保持联系，充分了解孩子在学校的行为和表现，分析孩子在家校间哪些行为表现有所不同以及家校或者父母祖辈之间教育方式是否存在差异。小学阶段的孩子往往还处于他律阶段，自控能力远不如成人。因此，家庭成员对孩子的教养行为应保持高度一致，必要的话，也可以定期向老师反馈孩子在家是否有所进步，获得教师的支持。

三、奖惩适度伴成长

好孩子是鼓励出来的，好习惯是培养出来的。当孩子身上有点滴进步时，千万不要吝啬我们的赞美，应及时予以具体化的肯定。同时，家庭不仅仅是孩子永远的港湾，也应具有一定的约束性。当孩子身上出现不恰当行为时，应第一时间予以阻止，不要回避或溺爱。此外，高质量的亲子陪伴以及家长的榜样示范作用都会对孩子的成长有所促进。

孩子的天性大都敏感而又向善，他们的性格和行为往往会受周围环境氛围以及家庭、学校、社会教育潜移默化的影响。相信当家庭成员间理念、行为都达成一致，并经常和教师保持联系、与学校积极配合，共同为孩子创造和谐统一的成长环境时，我们的孩子会形成更为健全的人格，健康快乐地成长！

（上海市杨浦区二联小学　章笠越）

02 找回那个友善的你
——应对孩子的校园攻击性行为

学校是孩子生活的第二个家园,孩子的大部分时间都是在学校里度过的。然而,在和孩子们的交往接触过程中,我发现有的孩子总是欺负周围的小伙伴,他们喜欢用暴力解决问题,甚至有的孩子把自己的快乐建立在别人的痛苦之上,以欺负人为乐。经常欺负别人,在一定程度上反映了孩子的品行问题,对自己的情绪也难以控制和调节,久而久之不但会影响同学之间的团结,还会让同理心的发展变得困难,变得蛮横无理,甚至失去同学的友谊,给老师和家长带来麻烦。心理学家做过一项长达22年的追踪攻击性方面的研究,发现无论是男性还是女性,8岁时候的攻击记录能有效预测成年期的攻击行为。这种现象应该引起家长的高度重视,否则会对孩子的健康成长造成不利的影响。家长也应该因势利导加以纠正,告诉孩子要与人为善、同学之间要团结友爱,寻找机会教孩子一些与人沟通的技巧和控制自己情绪的方法。

故事分享

"小睿妈妈,请你到学校来一次,小睿又闯祸了。"小睿妈妈刚下班回家就接到小睿班主任姚老师打来的电话。

小睿妈妈急匆匆来到学校，看到小睿低着头站在办公室里，她很生气，因为知道小睿大概又闯祸了。果真如此，小睿把同班小郑同学的一颗门牙给打落了。

"为什么要打人家？"小睿妈妈责问儿子。小睿有点不服气，他说："是小郑先惹我的！"

"他怎么惹你了！"小睿妈妈气急了，也顾不得是在学校。

"是他先打我肩膀，然后我推他一下，他就撞到桌角了。"

"闯了祸还不承认！"小睿妈妈的怒气不打一处来，正想打他，被姚老师制止了。

姚老师语重心长地和小睿妈妈说了小睿最近的表现："小睿的行为习惯越来越不好，好像有了暴力倾向，对待同学也总是充满着攻击性。只要谁碰了他一下，他就觉得是受到了侵犯，会马上伸出拳头反击。因为这样，同学们现在都不愿和他玩，他就追着人家，上体育课时总是和别的小朋友争抢器材，有一次和一位男生发生口角，把人家的脸都打肿了；他还恶作剧，下课时，他会突然伸出脚，绊倒路过的同学，然后哈哈大笑。他这样发展下去可不行啊！"姚老师无奈地摇摇头。

点滴感悟

对素质教育的理解仁者见仁，智者见智。我认为：素质教育不仅仅就是学习成绩，一个人的品德包括孝悌、诚信、博爱、才艺以及心理素质、身体素质等等，这些都应该是素质教育的范畴。走出学校比的就不是成绩了，往往是一个人的综合素质。

不良的行为习惯不仅会损害生理健康，还会影响心理健康。在日常生活中，应该注意不良的行为习惯对心理健康的影响，同时，也要反思不良行为背后的心理原因。

孩子的言行和性格特点，主要来自家庭教养方式的影响。如果孩子习惯性地以打架表达自己的情绪，那么家长需要好好反思自己的教育方式出了什么问题。孩子表达情绪、情感的方法，与人相处的方式，在很大程度上受周围环境的影响，尤其是受父母的影响，孩子和父母的相处模式往往会反映到与他人的相处过程中，父母的表达方式也往往会直接影响到孩子的表达方式。

温馨贴士

一、人之初，性本善

每个孩子来到这个世界上都是一张白纸，他们在认识自己、分辨对错、对待他人、行为习惯等方面，都是通过模仿或者受父母言行的影响而习得的。因此，父母就是孩子的一面镜子，是孩子心理健康的引领者。相信每个孩子的本性都是善良纯洁的，心理也是健康的，只要用正确积极的方式去引导，一定都是好孩子。

二、坚决制止，严厉批评

同时，家长要注意批评的方式，针对孩子的行为进行批评，尤其要注意不要动手打孩子，这可能会强化孩子打人的行为。另外，把自己的快乐建立在他人的痛苦之上是不道德的行为，要让他明白一个懂事的孩子是不会欺负比他弱小的人。告诉孩子，家人、老师喜欢的是帮助弱小者的孩子，以此来引导孩子去做一个好孩子。

三、以身作则，树立榜样

心理学家班杜拉做了一项著名的实验：把参加实验的儿童分成几组，其中一组带入一间有玩具的房间，玩具中有一个充气的塑料大娃娃。一会儿，进来一个成年人，他开始攻击塑料娃娃，用铁锤狠狠地敲打玩偶的头，抓起来摔，嘴里还不时喊"打，打"，这一过程持续了10分钟。后来，实验者把这些观察到攻击行为的儿童带到游戏室玩玩偶。另一组儿童在另一间玩具室看到一个成年人静静地做他的事，10分钟后离开，这些没有看到攻击性行为的儿童来到游戏室玩玩偶，攻击性行为出现得少。那些有攻击性行为的儿童的反应与观察到的榜样的行为完全相同。另外，还有一组儿童是通过电视录像观察到攻击行为，他们也表现出更多的攻击行为。实验发现，无论是直接还是间接观察到攻击性行为的儿童都会表现出更多的攻击性行为。因此，父母在日常生活中应做好表率，尽可能少在孩子面前表现出攻击性行为。

四、学会倾听，传授方法

倾听孩子的感受，教会他一些自控的方法，具有攻击行为的孩子很容易生气，很容易受挫折，家长要注意观察，善于倾听，给予他空间和时间，让孩子把心中的委屈、烦恼说出来。这样不仅可以让家长了解事情的真相，还可以让孩子通过宣泄达到心理上的解脱，情绪也会趋向平和。家长在倾听的同时可以教孩子一些处理冲突的办法，如利用深呼吸、握拳等情绪调控方法或马上离开发生冲突的地方，寻找一处较安静的地方站立10分钟，让头脑冷静下来，然后再思考怎样解决同学间的问题。

五、了解原因，培养能力

儿童不良行为的发生和很多因素有关，其中一个重要因素就是儿童的角色采择能力。角色采择能力，是指儿童采取他人的观点来理解他人的思想与情感的一种认知技能。它包括：考虑别人的态度，察觉别人的思想和情感，设身处地为他人着想。塞尔曼认为儿童的角色采择技能的发展表现出五个阶段：

阶段0：自我中心或无差别阶段（3~6岁）。儿童不能认识到他人观点与自己的不同，因而往往根据自己的经验做出反应。

阶段1：社会——信息角色采择（6~8岁）。儿童开始意识到他人有不同的观点，但不能理解这种差异产生的原因。认为他人所做的即是其所想的，而不能了解他人行动前的思想。

阶段2：自我反省角色采择（8~10岁）。儿童逐渐认识到即使得到相同的信息，自己和他人的观点也可能会冲突。他们已经能考虑到他人的观点，并预期他人的反应，但儿童还不能同时考虑自己和他人的观点。

阶段3：相互角色采择（10~12岁）。儿童能同时考虑自己和他人的观点，并认识到他人也可能这样做，能够以一个客观的旁观者的身份来解释和反应。

阶段4：社会和习俗系统的角色替换（12~15岁）。儿童开始运用社会系统和信息来分析、比较、评价自己和他人的观点。

当孩子的观点采择能力发展不良时，不能理解他人的痛苦，不能知道自己的行为对他人造成的影响，就更可能发生攻击性行为。研究表明，训练发展儿童的观点采择能力是可行的，通过训练可以在一定程度上提高儿童的角色采择能力。训练方式分为合作活动训练、认知训练、情感训练等，主要采用角色扮演技术和移情训练技术，综合采用讲故事、做游戏、多媒体教学等方法。

六、学会关心，弥补过错

仅仅让孩子认识到自己行为的严重后果是不够的，还应让孩子用自己的行动去弥补自己的错误，尽量去关心他人，安慰他人，帮助别人克服痛苦。在这方面家长不妨为孩子创设一些情境和机会。

七、及时激励,不惜赞扬

当孩子做出一些关心他人的事后,家长要大加赞扬并激励孩子,让他们充分感受到由于关心他人而给自己带来的快乐与信心。让他明白,一个关心他人的孩子将会受到所有人的欢迎。

八、查找原因,总结经验

家长要认真查找孩子欺负人的根本原因是什么,看自己是否曾有过用暴力压服孩子的行为,看自己是否因溺爱过度而造成孩子蛮横任性,又或者看是否有不良社会影响等,以便杜绝类似现象。另外,研究也已经证实,观察电视上的攻击性榜样会增加儿童的攻击行为。当今社会,电子设备无处不在,不可能完全杜绝孩子接触电子产品和大众媒介,但父母应该尽可能地减少孩子接触这些不健康的内容,也可以尝试一些新的技术和软件来过滤这些不健康内容,为孩子营造健康的成长氛围。

孩子的行为习惯发生了偏差,肯定与心理健康状况有关,而孩子的心理是否健康则受很多方面的影响,比如父母离异、家庭结构变化、社会不良风气、同伴间的排斥、学习成绩的压力等,这些都是造成孩子情绪和心理失衡的不良因素。作为父母和老师,应该始终做到身教重于言传,多些耐心和接纳、鼓励和肯定,多些情感交流,安抚孩子的情绪,多讲道理,孩子才能感受到父母和老师的关爱呵护,才会学会如何去适应环境,友善地对待每一个人。

(上海市浦东新区航城实验小学 刘月英)

03
"开心果"养成记

心理学家把人的气质划分为多血质、胆汁质、黏液质和抑郁质四种不同的分类。人的气质与生俱来,且不分好坏。但人的性格却有着优劣差异,例如勇敢或胆小、果断或犹豫、诚实或虚伪、热情或冷漠、开朗或抑郁等性格是在社会生活中逐渐形成的,个人早期的经历、父母教养的方式、家庭的因素、学校的教育、文化背景、经济地位等多重因素都会对儿童性格的形成和发展起到重要的作用。作为家长,我们都希望自己的孩子能够更为健康、开朗,成为充满阳光的"开心果"。

故事分享

希希妈今年三十五岁,上周初中同学聚会,希希妈带着读小学二年级的希希一同前往。一路上希希妈都憧憬着与近二十年未见的老同学见面时的场景,但希希妈的热情和激动很快消失得无影无踪,原因竟然来自当年老同桌的女儿丽丽。

丽丽与希希同年,今年也读小学二年级。但丽丽虽年龄小,却是典型的"自来熟"。当希希妈带着希希一推开包厢的门时,丽丽就像一只美丽的小黄莺一样,朝希希跑过来,说要和希希做好朋友,还当众表演了优美的舞蹈，一点也不怯场。

希希妈看着活泼开朗的丽丽和自己面露胆怯的女儿，立刻和身边的丽丽妈抱怨道："你们家丽丽好可爱啊，怎么培养的啊？你看看我们家希希，整天唯唯诺诺、郁郁寡欢，一点也不像我……"希希在一旁听到后咬紧嘴唇，把头埋得低低的……

点滴感悟

全天下的父母都希望自己的孩子能够快乐幸福，可总有一部分家长会在不经意间伤害到孩子幼小的心灵。例如上文故事中的希希妈，当希希诞生在这个世界上时，她的内心深处或许只希望孩子能够健康、平安、快乐地成长就好。但随着时间的推移，"希希妈"们会不自知地将自己内心的期望转嫁到孩子的身上，或直接将自己的孩子与"别人家的孩子"相比较、随意评论。

著名的心理学家弗洛伊德曾表示：人格的形成在一定程度上与儿童的早期经验以及父母对儿童的教养方式有关。家庭的氛围、家庭成员之间的关系，在很大程度上会影响孩子性格的形成及发展。孩子健康、开朗是父母最大的心愿，因此在培养孩子乐观开朗的同时，家长自身的示范作用就尤为重要。同时也应该尽可能地为孩子树立一个安全、快乐的家庭环境，让孩子在健康的环境中快乐地成长。

温馨贴士

一、营造和谐的家庭氛围

让孩子从小感受到父母和家人对自己的爱，逐步学会倾诉和交流、学会接纳自己、学会面对现实。切勿拿自己的孩子和"别人家的孩子"相比较，每个生命都是独一无二的，每个生命都值得被呵护和赞美。

二、创设健康的成长空间

家长不妨鼓励孩子多交朋友,特别是相同年龄段的朋友。原本性格内向的孩子如果长时间与一些开朗乐观的朋友相处,性格也会逐渐开朗起来。

此外,家长不妨鼓励孩子多多参与社会实践活动、培养自己感兴趣的爱好,拥有愉悦感和成就感。

三、关注孩子的点滴进步

作为家长,可以经常和孩子谈心,通过编故事、绘画涂鸦等亲子活动的形式了解孩子内心深处的想法。当孩子的行为有点滴进步时,家长也应该第一时间加以鼓励和赞美,树立孩子的自信心。有时候,家长的一个微笑或是一个拥抱就会让孩子觉得开心、温暖。

每个生命都是不同的,每个生命都应该被尊重。作为家长,我们应更好地关注孩子的行为、倾听孩子的内心、挖掘孩子的潜能,陪伴孩子共同成长。健康开朗的性格不是一朝一夕培养出来的,这需要家长持之以恒的决心和耐心,坚持不懈,营造和谐的氛围,创设健康的空间。祝愿我们的孩子可以更开朗自信、积极向上,成为一枚"开心果",在阳光下茁壮成长。

(上海市杨浦区二联小学　章笠越)

04
外向也当"适可而止"

外向，现指好活动、好交往，活泼而开朗的性格特征，与内向相反。活泼，指行动自然、不呆板，形容小孩子和年轻人很可爱，讨人喜爱。一直以来，我们都希望把孩子培养成性格外向、活泼开朗的人，这样更有利于他们的人际交往。然而，如今越来越多的孩子仗着外向活泼，给周围的人带来了不小的困扰，从而影响了他们的人际交往，这也让孩子们自己非常不解。外向和活泼都是积极的心理品质，如何教会孩子把握好度，值得我们深思。

故事分享

玲玲是个活泼开朗、十分外向的孩子。从入学第一天起，她就成了全校的知名人物。原因很简单，因为她会拥抱每一位去她们班上课的老师，也会在走廊上热情地和老师们、同学们打招呼。开学一个月后，玲玲交到了不少朋友。

转眼到了四年级，玲玲的热情依旧如初，可是身边的朋友们却离她越来越远。她很苦恼，不知道是怎么回事。班主任老师侧面打听了一下，原来同学们嫌她太外向了。同学们是这么说的：

"玲玲有时候热情过头了，明明我不想和她一起上厕所，她硬是要我和她一起,说好朋友就该在一起。"

"玲玲太热情了,什么事情都和我们分享,家里的事情也告诉我们。可是我们并不想知道他们家里的事情啊。我们不想她把我们之间的一些事情也随便告诉其他人,还是保持距离吧。"

"玲玲人很好,可是她的情绪来得太突然了,而且不管伤心快乐,也不管我乐不乐意,她硬要与我分享,这让我很苦恼。"

"玲玲到现在还和一年级一样,有时候老师来上课还是会先冲上去抱老师,这都多大了呀,唉……"

点滴感悟

外向的人喜欢表达自己,喜欢与人交流,无论是对相熟的人还是不太熟悉的人都不会感到陌生,都愿意和别人说话。外向的人能够营造更加轻松的氛围,掌握主动性。外向的人愿意主动和别人说话,这在交往过程中有很大的优势,因此也能交到不少朋友。可如果一直说个不停,会给身边的人造成不小的困扰,不仅打扰了别人的生活节奏,也干扰了自己的时间安排。

外向的人特别积极,无论是说话还是做事。外向的人喜欢表现自己,展现自己的能力,对待事情也总是抱有积极的态度,而不会消极地觉得自己做不好,会比较乐观一些。然而,当积极超过了一个安全的度,就会变成无故的打扰。打扰别人的学习生活、打扰别人的各项安排,久而久之,身边的人会渐渐远离他。

外向的人通常都是热情开朗的,外向的人并不会太在意别人会不会有什么不好的看法,只是将自己应该做的表现出来,所以才会特别开朗,对人也很热情。也因为这样,往往会给身边的人留下不顾他人感受的印象。

● 温馨贴士

一、区分场合,积极交流

喜欢主动与人交流,是外向的一个显著标志,也是人际交往中的一大优势。教会小学阶段的孩子们区分哪些场合可以毫无顾忌地主动出击与人聊天,哪些场合需要按照一定的规则,这样才能够更好地发挥孩子性格外向的人际交往优势。

二、积极表现,合理"傲骄"

积极乐观地展现自己能力,是自信的表现。小学阶段的孩子,处在一个容易"傲骄"的年龄。我们要做的,是教会孩子们在社会团体中,积极表现自我的同时,又能顾及他人的感受,从而保护他们的这份小"傲骄"。

三、热情洋溢,尊重同伴

小学高年段的孩子有些已经进入青春期,这是一个相对敏感的发展阶段。有些孩子会因此而变得暂时不乐意与人热情交流。因此,我们要教会孩子们,热情对人要有度,尤其是尊重对方的意愿。再热情的交流,遇到青春期的阻抗也需要绕道而行。尊重对方的意愿,适当的热情才是最好的人际交往方式。

外向的人心直口快、活泼开朗、善于交际、感情外露、待人热情、诚恳,且与人交往时随和、不拘小节,适应环境的能力较强。由于比较率直,这类人往往缺乏自我分析与自我批评的精神。小学正是孩子学习如何更好地进行人际沟通的黄金时段,帮助孩子学会在不同场合、面对不同的对象时控制自己的外向行为,学会张弛有度,对提高孩子们的人际交往能力有很大的帮助。

(上海市杨浦区控江二村小学 褚雯黎)

05
放开你的手，还男孩本色

现在的中国家庭中更多的是独生子女，大人围着孩子转似乎是一种常态。孩子们个个衣食无忧，父母努力为生活打拼，为孩子创造优越的物质环境。然而，物质生活丰富了，精神生活却匮乏了。虽然家长非常重视孩子的教育，但家庭教育中父亲的缺位还是比较严重。对于很多男孩来说，更是缺少了一个榜样，缺少了督促。男孩们多了一分阴柔，少了一分阳刚之气，动作扭扭捏捏，性格柔弱，缺乏责任感。

在小学阶段，作为爸爸，如何加入孩子的教育中，发挥自身的优势，教育出具有男子汉气概、富有责任心的阳光男孩，凸显男孩本色呢？

故事分享

中午休息时间，班主任离开几分钟，几个孩子在一起闹腾起来，一个女生飞快跑到班主任那儿，说："逸疯啦，逸疯啦……"班主任跑回教室了解情况，原来两个男生之间闹矛盾，逸说了小宇的坏话，小宇生气想要动手打逸，手伸到一半，逸发疯般拿着手中的衣服甩小宇，衣服的拉链甩到小宇的鼻梁，鼻梁破了，脸上受了伤。班主任与家长沟通，逸的爸爸表示孩子道理都懂，就是不知道为什么会如此。逸回家后，逸的妈妈给老师打电话。

"老师，我问过孩子了，是别的孩子说了逸。"

"我们也一直教育他，碰到事情要告诉老师原因。"

"逸打人是有原因的。"

逸的妈妈一再强调，孩子动手打人是事出有因，孩子受委屈在前，是别的孩子惹的祸。

点滴感悟

通俗地说，有男子汉气概的人，一定是一个责任心极强的人。不管逸出于何种原因对他人进行正面的攻击，他的行为终究使别人受了伤。这时，家长除了要去追根究底，还要让孩子明白他的错，他应该负的责任。与人之间的矛盾，不是只有靠武力才能解决，可以选择其他的方式。逸的家长不要有自己孩子吃亏的心态，孩子的确做错事了，不管他做这件事出于什么原因。孩子做错了事，家长不要选择袒护自己的孩子，应该让他直面问题，培养孩子勇敢承担自己的过失的品质。

逸的妈妈存在最大的问题是有意识地去引导孩子，让他为做每一件事找原因，站在尊重孩子的名义上让孩子学会推脱责任。久而久之，孩子会习惯性地把责任推给别人。逸的事不算是特例，像这样承担不起责任的也常有。对于一个男孩来说，这个社会赋予他们更多的责任。责任感需要"培养"意识，家长要从小让他分清是非，做事有分寸。孩子难免会犯错，教会他认识错误，更要有勇气承担自己的过失。从小有这样的培养意识，将来男孩才能顶起一片天，在这个社会独当一面，而不是畏缩退后。

温馨贴士

一、放下关爱的枷锁

孩子是家长的唯一，很多家长会以爱的名义"绑架"孩子，为了让自己的孩子避免受到伤害而过于保护。男孩们在这爱的包围下，反而会被折断展翅的羽翼，他们需要有勇敢"闯"天下的勇气，家长就要鼓励他们，跌倒了可以爬起来，培养坚忍不拔的意志力。

二、释放男孩的天性

孩子需要与真实世界接触，忽略生活中的体验会让男孩发展受阻，他们会失去好奇心、探索心。男孩的成长不是靠说教，而应让他们去实践和体验，释放他们的天性。在学习上，男孩的注意力往往没有女孩集中，因此，把"学习"转移到"体验"对男孩的成长会更加有帮助。

三、培养男孩的责任感

注重从小培养孩子的责任意识，并真正去落实。日常生活中，要让男孩明白他是家庭中的一员，要为这个家做一些力所能及的事，这就是他的责任。孩子之间难免会摩擦，难免会使人犯错，只有不逃避责任，勇敢承担，才是真正的男子汉。

男孩和女孩有区别，教养的方式也有所不同。男孩的教育离不开家庭教育、学校教育和社会教育共同的努力。家长应让男孩多参与操作体验类的活动或社团，让男孩在动手中释放自己的能量。男孩更容易被电子产品"绑架"，可多带男孩去参加体育运动，在挥汗如雨中激发男孩的挑战欲。家长们要克服困难，培养身心健康、阳光的男孩，还男儿本色。

（上海市杨浦区平凉路第三小学　秦美）

06
胆小的优等生

"你是个学生！好好读书才是你的任务！""快去读书，其他的事情你别管了！"这也许成为许多家长常挂在嘴边的话。孩子们在这百般的"催眠"之下，都自觉以学习任务为重、为头等大事。学习固然重要，可是，学习就是孩子成长的全部吗？有的孩子学习成绩优秀，可来到新环境、结交新朋友时却表现出行为上的退缩、情绪上的胆怯。这时，他内心的挫败感和无助感有谁能知呢？

故事分享

小林是班级中公认的优等生，学习成绩总能名列前茅。可是，除了学习以外，她什么活动都不参加。

"小林，马上要开迎接元旦的主题班会了，你跟我们一起排练课本剧吧！""不行啊，我有好多作业要做，排练耽误时间。"

"小林，双休日我们组织小队活动，你也一起参加吧，特别有意思。""我双休日得上课，没有时间啊！"

就这样，久而久之，班级中的小队活动、小组活动中都见不到小林的身影了。

Part 3　帮助孩子养成良好的性格

在一次春游活动中，班级来到星期八小镇体验各种职业角色。小朋友们都兴奋极了，只有小林皱着眉头。当同学们各自找到自己的小伙伴去玩了，也只有小林落单。好不容易在老师的帮助下找到一个职业——擦鞋匠，可小林却怎么也鼓不起勇气"招揽"客人，即使有小朋友在面前，她也不知如何开口……一整天下来，其他同学都分享着自己的有趣故事，只有小林低头不语，捕捉不到一丝喜悦之情。

点滴感悟

这一次的经历对小林而言无疑是一个打击，让她的情绪消沉了很久。

纵观事件的本身，小林这"读书至上"的理念在很大程度上是由家庭长期潜移默化的引导下而形成的。当然，如今升学的压力也确实让家长焦虑。于是，家长将这一份焦虑表现在情绪中，落实在行动里，让孩子只在学习中体验成功，感受因学习带来的成就感与喜悦，而关闭许多扇其他方面发展的大门。家长的引导，让孩子以为，在"学习"二字面前，其他什么都是不重要的。

而小林这样的孩子生性比较内向，在接触新环境时无法与人进行良好沟通，内心容易产生害怕情绪，更加不敢鼓起勇气尝试，最后导致失败的结果。长此以往，他每一次接触新环境，都会触发心中的失败体验和低落情绪，导致其产生"新环境必将导致失败"的负面惯性思维。

• 温馨贴士

一、学习交往技能

培养与人交往的能力是个大课题，而家长正是孩子最好的老师。如果你能每天抽出固定的时间与孩子交流一天中发生的事情，并从孩子的角度肯定他、鼓励他，同时给予正面引导，给予孩子可操作的指

导方法，那你的孩子一定会更乐于与人交往。

同时，亲子沟通时可以有肢体的接触，如牵手、拥抱，也可以有眼神的交流，这样孩子会觉得与你更亲近，更愿意坦诚相待，也更愿意接受你的建议。

二、培养群体意识

我们都终将成为一个"社会人"。因此，校内学习的应该不仅仅是知识，更是与人的交往能力，群体意识更是不可或缺的。

家长可以多鼓励孩子参加校内外的各类活动。也许，这样的活动会侵占一部分原本的学习时间，可是孩子在活动中能学习与不太熟悉的人进行交往，让孩子在接触完全陌生的环境前体会到成功的感觉，更了解到与陌生人交流不是那么困难的事情。

三、创造机会练习

家长可以利用双休日或者假期多带孩子外出，无论是参加友人的聚餐，还是到公园、博物馆等公共场所游玩，抑或是参加公益活动，都是给孩子的最好练习机会。家长可以从鼓励孩子与他人主动问好、道别开始，逐步将要求"升级"。当然，即使孩子做得不好，也不能因为自己失了面子而当众斥责，而是要以鼓励、表扬为主。

小学阶段是发展孩子适应环境能力的重要时期。我们将一些学习时间还给孩子，为孩子搭建一个从家庭到社会的坡度，让孩子们在不断的积极体验中学会适应新环境，学会应对新情境，为孩子逐步成为一个"社会人"助力。

（上海理工大学附属小学　金黎宏）

07 别让孩子迷失在被孤立中

没有小伙伴的童年，是孤独又寂寞的。被孤立，对孩子来说是一件非常受伤的事，很多孩子在成长中都会遇到。在群体中，如果孩子不被同伴接纳，可能会给他的童年留下难以抹去的阴影，甚至造成心理上深层次的伤害。但家长也不用"谈虎色变"，孩子涉世未深，他们之间的无意伤害有时不可预测，这是其成长中必经的烦恼之一。作为父母，我们要想办法防止孩子被孤立，一旦发现孩子被孤立，必须尽快着手干预，正面引导孩子，千万别让孩子迷失在被孤立中。

故事分享

十月的一天，欣欣妈妈兴致勃勃地去参加学校组织的"家长开放日"活动。第二节课是音乐课，音乐老师教完了歌曲后准备教小朋友跳集体舞。孩子们按照音乐老师的要求进行自由组合，自己寻找拍档。老师一声令下，孩子们立即来到心仪的伙伴身旁，两两结对。这个时候，欣欣妈妈突然发现欣欣茫然地站在教室中间，其他小朋友都找到了拍档，而她却不知所措。其间，她也曾两次试图邀请其他同学，但都被一一拒绝了。最终在老师的干预下，欣欣才和另一个同学组成了"临时组合"，落寞地上完了这节音乐课。

回家后，妈妈细细询问，欣欣这才流着眼泪告诉妈妈："从二年级开始，班上的小朋友就都不喜欢她，没人愿意和她玩。"看着女儿楚楚可怜的样子，妈妈也十分难过。在妈妈的眼里，欣欣是那么乖巧可爱，在班中成绩也不错，只不过有点爱哭和爱告状。怎么会被孤立了呢？真是想不通啊！面对女儿被同学孤立的现实，欣欣妈妈感到沮丧和无奈。在跟班主任老师多次沟通后，情况似乎有些许好转，但后来又故态复萌，没有实质性的改变。

点滴感悟

"罗马不是一天建成的"，欣欣在班中的孤立境地也不会一天就形成。欣欣妈妈需要进一步了解情况，和孩子一起分析被孤立的原因，商量解决问题的方案，帮助孩子做一些行为上的调整，慢慢树立欣欣的自信心。在跟班主任老师多次沟通后，欣欣妈妈了解到原来是女儿平时总爱打"小报告"，同学们这才会对她爱理不理。欣欣妈妈及时调整了策略，她告诉欣欣："很多人都会遇到像你这样的问题，这是成长过程中必经的历练，不一定是坏事情，妈妈会站在你身边，支持你、帮助你解决这个困境。如果你希望同学能和你交朋友，你也要试着改变自己……"班主任老师也及时向欣欣妈妈支招："孩子的世界，相对要比成人的世界更单纯，这种单纯不仅体现在他们的心理认知上，也体现在他们的处世方式上。孩子的好恶往往溢于言表，喜欢就是喜欢，讨厌就是讨厌，完全不加掩饰。一个在班级中被孤立的孩子，想让她在短期内和所有的孩子交朋友是不可能的，但是可以先从交一个好朋友开始做起。家长在引导、处理的过程中，要回归到孩子本身，陪孩子慢慢解决问题。我们家校携手，一定能行！"

● 温馨贴士

一、多和老师交流沟通

对于家长而言,如果孩子出现被孤立的情况,一定要请求老师的帮助,不能去一味责怪其他同学。对于被孤立的胆小的孩子,可以请老师在学习、活动中多肯定、多鼓励,以此来增强孩子的自信心,让孩子更容易获得其他同学的认可;对于被孤立的过于出色的孩子,则应该提醒老师避免过多的溢美之词,同时让孩子多做一些为班级服务的事情,让大家发现他的闪光点。

二、帮助孩子融入集体

在平时的家庭教育中,家长应鼓励孩子多与人交往,懂得分享,乐于助人,培养孩子谦让、随和的个性,让他融入集体生活之中。有时,家长可以有意识地帮助孩子准备一些零食或者孩子们喜欢的图书、玩具,让孩子在春游、秋游、小队活动等时候与其他小朋友一起分享,孩子之间也会渐渐形成彼此关心、互相帮助的友爱关系。

三、经常进行亲子沟通

作为父母,一定要跟孩子保持亲密的沟通关系。应多抽出时间和孩子交流一下彼此的心情,了解孩子的快乐与烦恼。这种看似简单的信息交换,是获得孩子信任和让孩子感受被关注的重要方式。现实生活中,很多父母都无法及时发现孩子被孤立的状况,其中一个最主要的原因就是家长忽视了亲子沟通,跟孩子的交流出现了问题。

四、和同学家长密切互动

想让孩子学会合群,不被孤立,家长首先要做好榜样,成为一个合群的人。因此,家长可以主动通过电话、微信等与班上其他家长保

> 持亲密互动。如此一来，不仅可以及时了解孩子在学校的各种动态，倘若同学之间出现问题，也可以通过家长间的协调来解决问题。

发现自己的孩子在集体中被孤立了，是家长最难过的事情之一。但家长先别急着气恼、心疼，应该冷静、客观地分析其中深层次的原因，从自己孩子身上找到问题的症结。教给孩子正确的心态和策略，并争取得到老师的帮助和支持，鼓励孩子重新在集体中找到自己的位置。当孩子在与同学交往中有了点滴的进步，要及时表扬他，相信孩子通过一段时间的摸索与实践，最终一定能体会到集体的温暖，并获得珍贵的友谊。

（上海市杨浦区控江二村小学　钱茵）

Part 4
帮助孩子养成良好品格

在家庭教育中,我们家长在孩子面前,就展示出了我们是怎么看待人际关系和人际交往的。家长自身树立榜样,有效的指导和提醒很重要。

01
妈妈，我和小朋友吵架了

随着年龄的增长，孩子走进了学校，走进了班级，慢慢认识了一些新的好朋友。在和伙伴相处的过程中，难免会发生冲突，小则孩子与孩子之间不理不睬，大则吵上一架。有的孩子会回家跟爸爸妈妈抱怨，向家长"诉苦"。

那么，作为爸爸妈妈，应该怎样劝导自己的孩子，促进小朋友人际交往的发展呢？

故事分享

"宝贝，我回来啦！你今天在学校怎么样？"妈妈刚从单位回来，问小鑫。

"妈妈，今天小杨又跟我吵架了！"

"怎么啦？"

"今天吃午饭的时候，他老是拿着调羹敲着饭碗，那叮叮咚咚的声音，别提有多难听了！我跟他说，你这样太吵了，影响到我吃饭了。他却根本不听我的话，还是自顾自地敲。我一生气，就把他的调羹抢了过来，他就打了一下我肩膀，后来老师过来了，批评了我俩……"

妈妈听后，问道："那你是怎么看待这件事情的呢？"

"我明明没有做错，都是他的问题，如果他没有拿着调羹敲饭碗，我就不会抢他的调羹，就不会被老师批评了。"

点滴感悟

小学阶段处于道德品质和行为习惯养成的关键时期，在这一时期引导小朋友勇敢面对问题，并采取正确的策略解决同伴之间的冲突，对他们现在、未来的社会化发展有着重要的意义。

在小学阶段，小朋友们渴望和别人交朋友，希望自己能融入班集体中去。由于年龄的限制，孩子能理解原则和规则，但在实际生活中，他们只能刻板地遵守规则。就像小鑫，他能够遵守老师指定的规则，认为老师的规则不可改变，所以当小杨违反规则时，他会用自己认为正确的方法来解决问题。

在这一阶段中，小朋友们的情绪情感也有一定特征。他们表情丰富，但不善于控制自己，随着年龄的增长，孩子的冲动性会慢慢减少，而稳定性会不断增加。我们不难发现，在遇到冲突的时候，小朋友，特别是男孩子，往往会用比较激烈的方式来解决。

温馨贴士

一、善于倾听，适度宣泄

当孩子将自己同伙伴的矛盾说给爸爸妈妈听的时候，他们首先希望得到爸爸妈妈的理解和支持。家长全身心地投入，专注地聆听，适当的反应能够给孩子一个整理自己思绪的机会，帮助孩子理清自己的问题所在。

二、换位思考，宽容他人

面对孩子与同伴的冲突，爸爸妈妈可以教孩子设身处地地从别人的角度来考虑问题，理解至上是孩子在人际交往中需要掌握的重要方法。当孩子向父母抱怨伙伴的问题时，爸爸妈妈可以问这样的问题："如果你是他，你会怎么做？""你这样对待这个朋友，他会怎么想呢？"让孩子慢慢地学会理解伙伴。

三、有效沟通，自己解决

孩子之间产生矛盾的时候，老师或者家长有时候会介入，帮助化解。作为家长，在孩子的成长中，我们还可以鼓励孩子，相信孩子自己能够解决冲突。毕竟，孩子将来走向社会，面对的人际关系问题还有很多，我们都无法越俎代庖。

在孩子的成长过程中，伙伴与伙伴之间存在着冲突和矛盾是非常正常的。在家庭教育中，家长在孩子面前，对待人际关系和人际交往的态度，会被孩子模仿和学习。家长自身榜样的树立，加上对孩子有效的指导和提醒，一定能让孩子学会和同伴交往的方法，慢慢成长起来！

（上海市杨浦区打虎山路第一小学　曹晔梦）

02
被"绑架"的小女孩
——孩子说谎怎么办?

说谎是一种用语言虚构、捏造事实的方式来掩盖自己的意图,或用不正确的方式隐瞒部分或全部事实的欺骗行为。说谎的现象在当今小学生中普遍存在,100%的成年人(包括中学生和小学高年级的学生)都坦率地承认自己说过谎,并能坦然列出自己的几个谎言。

由于撒谎具有欺骗的性质,因此常被看作是一种不能容忍的品行问题而受到谴责。如果孩子从说谎的过程中得到了"甜头",便会一发而不可收,很可能最终发展成虚伪的、不可信赖的人,这是任何一个教育者都不愿看到的。因此,我们家长必须正视与准确分辨孩子的谎言,下大力气去教育、引导他们,消灭谎言,将孩子培养为正直、诚实、坦率的人。

故事分享

已经快下午5点30分了,小慧妈妈看到小慧还没回家,有点着急。妈妈来到附近与小慧同班的两个孩子家,询问了小慧的情况,他们都说不清楚。

眼看已经晚上7点了,小慧还是没回家。妈妈着急地打通了班主任吕老师的电话,吕老师赶紧联系班级内的同学,向小慧的好朋友小欧了解小慧的去向。小欧说,放学后小慧到她家玩过,吃完晚饭后小慧就回家了。小慧的

家人沿着小欧家一路寻找,但还是没有找到小慧的下落。小慧妈妈急得心脏病复发。

晚上9点多,小慧回家了。妈妈问她去了哪里,她说放学路上被人绑架了,于是家人向警署报了案。第二天,警察调查发现,小慧说的绑架的地点并不是很僻静的地方,傍晚人来人往很热闹,周边居民当时没有发现异常,小慧所说的小黑屋并不存在黑布条和玻璃片……对于这次绑架案,警察分析下来疑点重重。

第二天傍晚,小慧在警察的询问下承认骗了爸爸妈妈。其实小慧并没有被绑架,她从小欧家出来后,在一位老乡家玩,怕妈妈责骂,就编了谎言。

点滴感悟

小慧的妈妈脾气比较暴躁,小慧犯了错误,一般后果就是被妈妈暴打一顿。前几天,小慧偷偷从妈妈钱包里拿了200元,妈妈发现后问她拿钱的原因,小慧说老师让买书,妈妈让她将书拿回家。事实上,小慧并没有买书,她买了吃的、玩的东西,和同学一起将钱花完了。小慧怕妈妈责罚,就不回家,然后又撒了一个弥天大谎……

看来小慧的说谎是逃避心理,为了逃避妈妈的打骂。有些父母,每逢孩子做错了事,便要骂小孩子或打小孩子。孩子怕骂怕打,便用说谎来掩饰自己的过错,这种掩饰能得到父母或教师的宽恕。于是第二次、第三次做错事时,他便再说谎来求得宽恕了。当然,也有些小孩子说谎是为了逃避现实,遇到不愿意做或做不好的事,便谎称头疼或是肚子疼。

还有的孩子是因为虚荣心理。一件本来不是他做的好事,但他谎称是他做的,因此可以得到奖赏,脸上有光,于是他说谎了;一件本来是他做的事,但做得不好,怕丢了自己的脸,于是他谎称那件事不是他做的,也说了谎。

当然也有的孩子是懒惰心理。一些孩子学习懒散,喜欢用简单、不费力的方式去达到目的。说谎就是最轻松、方便的手段，如骗老师说自己早已完成作业。

> ● **温馨贴士**
>
> **一、了解动机，反省自我**
>
> 　　孩子说谎都有其一定的心理原因，了解动机，我们才能找到辅导矫正之法。大多数情况孩子是因为害怕受到惩罚而说谎，所以要让孩子尽可能说出为什么怕父母知道，这样你才能知道孩子说谎的原因。父母平时要多关心孩子的生活，对孩子的要求要切合实际，孩子做错事，要了解清楚原因，鼓励孩子建立正向的行为。有研究证明，父母常常说谎或不遵守诺言的家庭教育出的孩子容易说谎话。因此，作为家长首先就要以身作则，为孩子树立一个好榜样。
>
> **二、信任接纳，注意方法**
>
> 　　如果发现孩子说了谎，不要用严厉的惩罚来威胁孩子，这往往会让孩子说更多的谎，并且说谎更加隐蔽，以便不被你发现；也不要立即在其他人面前指责或教训他，最好是另找一个合适的时间单独与孩子谈；父母与孩子要相互信任和理解，让孩子知道，即使他说了谎，你还是爱他的，你能理解他的心情；还可以与孩子一起商量，下一次遇到类似情况可以用更好的办法解决，而不是说谎。
>
> **三、行为疗法，正向激励**
>
> 　　有些孩子养成了说谎的坏习惯，有点难于自控，我们可以开展行为疗法。即与孩子协商，以签订合约的方式，帮助孩子自我记录、自我管理，建立良好行为规范。当孩子出现良好行为时，及时给予奖励和肯定评价，使之保持、巩固、发展；若孩子未能完成

> 目标,则按约定给予自我惩罚,以示警醒。可设"每日行为自评表",让孩子自己如实填写。孩子还可以与教师、家长或小伙伴联系,让大家一起负责督促。持之以恒,定能改变孩子说谎的毛病。
>
> 如果孩子还是一再地说谎,家长也不知道该如何处理的话,最好是找儿童心理专家帮助。

我们要培养一个实事求是的孩子,最重要的是在彼此之间建立一种以相互信任为基础的关系。如果父母常常表现出信任感,任何年龄的孩子都会为此而自豪,从而养成实事求是的习惯。即使发现孩子说谎,我们作为父母也不应为此而结束对其的信任。如果孩子出现了说谎的情况,绝对不是一两次的惩罚和责骂就可以改变的。无论是从小开始教导,还是长大后发现问题才决定加强教育,教育在任何时候都不会晚,只是家长所需要耗费的精力有所不同。

(上海市浦东新区顾路小学　孙群)

03 孩子的问题，责任归谁？

近来，看到微信平台上发了很多关于家长责骂老师的帖子，说孩子的作业没完成是因为老师没把要求说清楚，不应该由家长来监督陪读；学校搞活动，都应该由老师一手策划和完成，不应该让家长配合协助；孩子成绩上不去，是老师的教育方法不对，而不是家长的问题；孩子的心理和行为不正常，是老师没有把好的意识和习惯告诉孩子，不应该说是家长没有以身作则；等等。这一系列的埋怨和不满，将出现在孩子身上的问题统统归责于老师，长此以往对孩子尊师重道的观念和勇于承担责任的心理的养成都是不利的。

故事分享

一天晚上，小明在家做作业，因为有几道题不会做耽误了完成作业的时间。妈妈发现了，很生气地对着小明骂："这么简单的题目都不会做，老师平时上课是怎么教你们的呀？"小明也很不服气地和妈妈顶嘴了。这时妈妈更生气了，语气更重地说："不得了了，现在还会和妈妈顶嘴了，老师在学校里就是这么教育你们和长辈说话的吗？"小明觉得自己很委屈，于是"砰"的一声把自己的房间门关上了，不愿再和妈妈说话。妈妈感觉制不住

小明了,于是打电话给班主任老师,满腹委屈地说:"王老师您好,请您好好帮我管管小明,他现在越来越不听话了,做作业拖拖拉拉,我就说了他几句,他还顶嘴,这不现在又关上门不理人了,我的孩子就听老师的话,王老师您能管得住他!请您想想办法跟他说两句吧。"

点滴感悟

很多父母都是还没有做好培养下一代的准备就稀里糊涂地"上岗"了,等到孩子出现各种问题,感觉无力改变时,就会埋怨别人,甚至将所有的责任都推给老师,而从不反思自己。

如果在孩子眼中家长已成为一个遇事会推卸责任的人,那么今后孩子也会心安理得地把责任推向别人,因为在他们的思维里经常能够找到"合理化的理由"来"骗"自己。其实,孩子推卸责任的这种做法,反映了这样一种心理效应——融合效应。"融合效应",是指个人遭遇挫折后,不愿承担由挫折带来的巨大压力,而是把自己在挫折中应负的责任与他人的责任融合在一起,或者与同样受到挫折的人相提并论,以此减轻自己的心理压力。

温馨贴士

一、养不教,父之过,教不严,师之惰

连古人都能意识到教育孩子最重要的责任人是父母。而现在却还有很多家长觉得教育孩子是老师的事情,自己只负责养。对于孩子的心理问题很多家长更是熟视无睹,认为老师才是培养孩子心理健康意识的人、老师才是教授心理健康方法的人。但其实孩子出生后的整个成长过程中,父母才是孩子的第一任老师,才是孩子的一面镜子、是孩子的领航人。

二、3岁看大，7岁看老

人的很多性情在很小时候，就初见端倪了。每一个年轻的父母都希望自己的孩子成为一个快乐、自信、受社会承认、受大家欢迎的人。只不过这些特质不会只是因为父母"希望"，就会出现，更多的情况下，是需要家长关注和进行培养的。

三、培养孩子健全的人格

任何事业的成功，都弥补不了孩子人格的缺陷所带来的后果。一个孩子成绩的好坏是其次，没有健全的人格就很难在社会上立足，甚至还可能走上犯罪的道路。而孩子健全的人格要从小培养，老师代替不了家长来完成。

四、培养孩子良好的性格

一个具有良好性格的孩子，大家都会喜欢他，乐意与他相处。相反，那些性格不好的人，在学校里常常会被孤立。这样的孩子自己也会很自卑或者很自负，要么是飞扬跋扈，要么是妄自菲薄，总之，都是不受欢迎的类型。

所以，你把孩子教得任性、霸道、脾气不好时，自己就该反省了。家庭成员可以无条件地包容你们的"小皇帝""小公主"，社会只会视他为熊孩子！

五、培养孩子的综合素质

一个成绩非常优异的孩子，除了自身天分外，其实更多的是他具有很强的自控力、专注力和求知欲。而这三种能力的培养，是需要家长从小就实施的，靠老师短时期的培养是很难达到的。

很多老师常说，"好学生"和"差生"的最大差距就是45分钟的差距，而这三种能力直接决定了上课时45分钟的效果。

六、培养孩子较高的情商

十年寒窗，在学习的过程中会遇见很多困难，需要有毅力和恒心，还需要有克服困难的勇气。学习成绩只是属于智商的一部分，而成绩再好，如果情商不够，也就是心理素质不好，那将会影响高考的发挥。这就是为什么很多孩子平时成绩很好，高考却发挥失常。

教育孩子是老师需要履行的责任，也是家长应尽的义务！老师更多的是教给孩子课本知识，一个再好的老师都代替不了家长在孩子心中的地位，也不可能代替家长所担负的职责！因此，家校合力，共同关注孩子的健康成长，才能培养出更优秀的孩子。

（上海市浦东新区航城实验小学　刘月英）

04
打造自己的微信群形象

苏霍姆林斯基曾说过,最完美的教育是学校与家庭的结合。在当今信息时代,家校沟通的方式越来越多样,也越来越便捷。通过班级微信群、QQ群等方式,我们可以及时地了解孩子在学校的各种表现,参与学校的活动,和老师联系、沟通,在教育孩子的理念、方法、实际操作上达成共识,形成教育的合力,帮助孩子更好地成长。

故事分享

一阵手机信息的提示音传来,凯凯妈妈连忙打开手机,发现凯凯班级群里的消息真不少呢。仔细一看,原来起源于一位家长发的信息:

"小凯家长,你怎么管孩子的?"

"你家儿子老是欺负我家女儿,这个礼拜都已经是第二次了。"

"班级里其他家长也说说,你们孩子有没有被小凯欺负过。"

……

看着一条条的信息,凯凯妈妈为难了……

点滴感悟

"家长微信群"日渐成为每个班级不可缺少的交流平台,老师们会在上面通报孩子们的在校情况、发布重要通知;家长们有疑问也会在微信群上与老师沟通。随着时间的流逝,老师和家长们一起合作打造自己的群名片。所谓"微信众生相",家长和老师在感受到微信群带来的沟通便利的同时,也都增添了许多烦恼。家长说:"群里消息太多了,怕老师通知的事情看漏了,还要一条条往上看,真的好累。""老师发通知,很多家长都马上回复,就怕自己不回复被老师认为不积极配合学校工作。""群里成了孩子信息披露台,有些消息让我脸上挂不住。"……老师说:"发一条消息,跟风点赞太多,实在顶不住。""孩子在学校发生了小争执,家长护子心切,在群里就'开战'。"……家长群让不少教师想逃离,也让不少家长"心生二心"。

微信群就是一个小社会,家长、老师在家长群中互来互往,真真假假的关系其实就是现实生活的真实反映,只是在这么一个小圈子里,将我们日常的生活经历高度集中了。当然,老师和家长们都不喜欢群里的客套,但又都摆脱不了。如果说,老师和家长能互相多一些信任,微信群的每个人都为自己树立一个让人接受的群形象,那么,微信群给家长和老师们带来的便利将会远大于困扰。

● 温馨贴士

一、正人先正己

微信群里的每一个人,都能自由地发言,作为家长,也许我们可以让自己的微信形象不那么让人讨厌。不在群里炫耀(孩子成绩、家里财富);不在群里传递负能量;不那么积极讨好地刷屏;不在群里搞商业活动……做好自我调节,相信孩子的适应能力,并对班主任充满信心,良性沟通,形成良好的群聊氛围。

> 二、"擒贼先擒王"
>
> 每一个团体里，都有着自己的默契和规则。既然是班群，可以和群主沟通，制定一个群规则，让大家都明确自己可以在群里发哪类消息；尽量不要在群里聊得太晚，以免影响他人休息；有重要事情可以和老师私聊……大家都传递正能量，微信群会形成一种温馨的氛围。

互联网时代，班级群越来越多地成为家校沟通的重要渠道。各种通信平台的群功能也越来越丰富，从群发消息到作业发布和反馈等，给教师和家长的沟通带来了便捷。如果身处于"变了味"的沟通平台，怎样才能回到正轨，发挥它应有的作用？这不仅需要教师加强自身的新媒体素养，家长们也应有独立的思考和判断，把握分寸。

（上海市杨浦区控江二村小学分校　洪俊）

05
老师和家长意见有冲突了，怎么办？

有人说：父母是孩子的第一任老师。也有人说：老师要像父母一样对待每个孩子。父母和老师对于孩子的重要性可见一斑。如果有一天老师和家长意见有冲突了，家长还需要维护老师的权威吗？

故事分享

"诚诚爸爸，今天诚诚又迟到了！"
"朱老师，诚诚昨天的功课做得比较晚，今天迟到了，不好意思。"
"诚诚爸爸，昨天老师没有布置家庭作业呀！"
"是我自己给他布置的学习任务，不完成我是不会让他睡觉的。"
"诚诚爸爸，孩子年纪还小，要注意保证睡眠时间！"
"朱老师，我的孩子我自己清楚，他是有这个能力的，完全可以胜任，没关系。"
"诚诚爸爸，我今天看到孩子脸上有一些痕迹，昨天还没有，是在家摔跤了吗？"
"没有的事，朱老师，您要对他再严格些，孩子是需要磨炼的，我对孩子的要求就是要成绩好！"

"诚诚爸爸……"

"好了，就这样吧，再见。"

点滴感悟

家长与教师之间的冲突是客观存在的、不可避免的。虽然冲突有可能会影响家长和教师之间的感情，降低彼此的信任度、削弱彼此的教育效果，但不可否认的是这种冲突的积极性占主导地位。家长可以在冲突中学习吸收新的教育理念，老师则可以在化解冲突的过程中获得珍贵的经验，得到成长进步。

但是，当冲突还没有解决的时候，作为家长是否还要维护老师的权威呢？我们的回答是明确的："是！"

涂尔干在《教育与社会》一书中指出："教育在本质上是一种权威活动。"教师的权威地位突出表现为"知识权威"和"道德权威"，而表现在孩子身上的可能更直接的是一种"信任权威"。如果家长不维护教师的权威，就会直接导致教师在学生心目中权威地位被削弱，孩子会不再甘于接受教师的教导，对教师的权威认同出现危机，很不利于良好师生关系的建立，从而影响到孩子的学习生活。

温馨贴士

一、理性看待，积极沟通

家长要充分认识和老师之间冲突的积极性，尽快摆脱过时的看法和观念，勤于吸收新的教育理念，积极支持并配合老师的工作。冲突如果化解得当，则可以起到家长帮助教师成长，教师促进家长提高的效果，这无疑为学生更好地发展提供了一个良好契机。

在培养孩子方面，父母和教师是一条战线上的"战友"，孩子需要对老师产生一种心理上的安全感。父母千万不要当着孩子的面，议论、指责教师，说教师的坏话，这会让孩子很难形成对教师的正确评价，一旦教师在孩子面前的权威形象被破坏就很难再建立。因此，即使和老师发生了冲突，家长在寻找解决办法的同时仍然要帮助孩子接受老师的引导与教育，要多和教师沟通，了解教师的教学安排、教学目标。家长还要及时向教师提供孩子的信息，便于教师更好地根据孩子的特点进行培养。在孩子面前，家长应该教导孩子尊师重道，这样才能达到最好的教育效果。

二、明确职责，妥善处理

家庭教育是学校教育的延伸。家长应该维护教师在孩子心中的地位。孩子觉得老师好，那老师做什么都是对的，只要是老师说的话，孩子就一定会听，老师布置的任务孩子也会很认真地去执行，这种对老师的尊敬对于孩子的发展其实是有很大好处的。特别是刚入校的孩子，刚开始集体生活，对老师的信任可以让孩子尽快学习规则和培养出适应集体生活的能力，系统地接受学校教育，促进孩子良好的行为习惯和认知模式的形成。

如果家长这时在孩子面前挑战老师的权威，会让孩子感到无所适从。年龄比较小的孩子思维还处于"非此即彼"的状态。他们会在对立的两方中选择一方并认同这方的观点。一方面，家长是孩子关系最亲密的成人，孩子已经习惯听从家长的意见和观点；另一方面，进入学校生活的孩子对于教师的尊敬是自发的，教师的权威形象是不能动摇的。因此，要孩子进行这样的抉择是很痛苦的，而且会让孩子的认知发生矛盾，产生焦虑的情绪，可能会产生一系列的连锁效应，包括对学校、学习都产生反感等等。

三、遵循规律，积极配合

为了孩子的未来，我们也要树立一个新的观念，在对孩子教育的问题上，家长应当成为教师的合作伙伴。教育孩子，必须发挥家庭、学校、社会各个方面的作用，形成教育的合力。及时处理解决孩子成长中的各种不利因素和问题，及时协调交流，才能使教育发挥最大效益。作为家长，应该全面客观地了解孩子在校的情况，认真听取老师的意见，积极支持、配合老师对孩子的教育，自觉维护老师的威信，淡化老师的批评方式，强化老师的批评目的。

一般来说，学校的教育理念和做法，是相对比较科学和先进的。家长需要积极配合老师的工作，全面培养孩子的品德、认知、情感、能力以及创造力等，而不仅仅以成绩涵盖一切。家长和老师意见有冲突，来自各方面的原因。我们需要接受的概念是，学校的规定和老师的要求一般是合理的，家长如果有异议，可以通过交流来补充。学校教育是一整套科学完整的教育系统，虽有不完美之处，但是一般来说，其科学性和教育性是高于家庭教育的，是家庭教育的提升和补充，更客观、更切合孩子的年龄和身心发展。家长可以通过加强与老师的联系和交流，准确了解孩子的真实表现，学会理智地教育孩子，努力让家庭教育和学校教育大体一致，良性发展。

（上海市杨浦区五角场小学　张石筠）

06
不受人欺负的上上策

前段时间，北京某小学的"霸凌"事件引爆舆论，网络点评中大家结合自己的经历，从各自的角度，剖析整个事件。事件本身并不特别，但也反映了当下对生命尊严的重视，以及对孩子心理健康的关注。

孩子在与他人交往中，难免会与人发生摩擦，甚至受人欺负。如果孩子在学校受欺负，是教孩子"以暴制暴"，避免吃亏？是让孩子"报告老师"解决问题？还是让孩子"退一步海阔天空"，宽容原谅？父母可以做些什么才能引导孩子懂得保护自己，了解和谐相处之道？

故事分享

凯凯比班上其他男生明显矮半个头，妈妈常担心孩子被人欺负。今天，当妈妈发现凯凯腿上有两块淤青，说话也欲言又止时，妈妈既心疼又愤怒，为什么这样的事情又发生了？难道个子矮小就好欺负？

"凯凯，你告诉老师了吗？"

"凯凯，你打回他了吗？"

"凯凯，为什么你总被人家欺负？"

"凯凯，你怎么那么没用呀！"

"凯凯,以后不要和他玩!"

妈妈立即打电话给班主任,希望欺负凯凯的孩子得到惩罚,也希望老师能拿出有效的方法,杜绝"欺负"事件的发生。

点滴感悟

遭到欺负,孩子和家长应及时与老师联系沟通。家长对"被欺负"报以的态度,在一定程度上给予孩子支持的力量。家长可以通过老师的深入调查,了解事情原委,家校共同安抚和保护被欺负的孩子,并与对方家长沟通,教育欺负人的孩子。但家长要认识到安抚和惩罚,也并不意味着解决了所有的问题。我们要知道被欺负的孩子和欺负人的孩子都在这场"欺负"行为中受了伤。

我们容易理解和感受被欺负的孩子身体和精神上受到的伤害。被欺负往往会让人自尊心受挫,无力而愤怒。但让孩子更难过的是孤独和隔离。就像故事中的凯凯,面对妈妈的追问,一再回避沉默,他心里真正担心的是——事情闹大后,大家都觉得自己是个特别的"麻烦",都不愿意和自己玩了。那些容易遭受欺负的孩子,我们在"哀其不幸,怒其不争"的同时,要看清背后很多更深层的复杂的原因。所以父母不仅要反观自身的家庭教育问题,还要慢慢地、耐心地帮助孩子重建人际交往的信心。

欺负他人的孩子,他们同样受伤——破坏规则的羞耻,人际关系的裂痕……若家长暗中"支持"孩子这样的行为,那么会对孩子未来人际交往有负面影响。

● 温馨贴士

一、"以暴制暴"是下下策

事实上,身高、性别、体力都不是受欺负的关键因素,"以暴制

> 暴"是最无效的方式，可能会造成更多的伤害。
>
> **二、"隔离保护"是下策**
>
> 家长心疼孩子是人之常情，但采用"不上学、下课不出去玩、跟着老师"等方法，无疑是把孩子孤立起来。虽然短时间里，孩子得到了保护，避免了受欺负，但从长远看，孩子并没有建立自我保护的能力。
>
> **三、"建立自信"是上策**
>
> 教会孩子坚定而明确地告诉对方"不可以"。当孩子的自信心、气场增强时，他人自然不会轻易招惹。
>
> **四、"赢得人心"是上上策**
>
> 鼓励孩子多结交朋友，展示自己，通过伙伴的接纳和认可，进一步建立对自我价值的正确认识。

有人谈起自己小时候被人欺负的经历时，语气幽默诙谐；有人最亲密的朋友，曾是欺负过他、让他"痛恨"的人；有人从"被欺负"经历中获得了成长的启示……当人生之路高歌向前，我们会忆起那段童年时光留下的印记，或阳光，或阴霾。父母们要用理智和智慧，去引导孩子直面问题，化"敌"为"友"。

（上海市杨浦区开鲁新村第二小学　徐晶）

07 稳定的三角关系

在平面图形中,三角形是最为稳定的图形。其实人也一样,可以说人的一生都在追求这种稳定的三角关系。在孩子的学习生涯中,孩子—教师—家长各自作为三角形的一条边活动并进行互动。有的时候,难免会有一些不和谐的事件打破这种三角关系,作为家长,我们能做些什么?我们如何发挥自身作用,成为一种性能优良、稳定的黏合剂,维护好这样一种三角关系呢?

故事分享

放学了,凯凯妈妈发现自家的宝贝今天无精打采,心里暗暗猜测孩子可能在学校有什么不愉快的经历,忙问道:"凯凯,今天学校里有什么事要和妈妈分享吗?"

……

"怎么不吱声呀?"

在妈妈的多般询问下,凯凯终于说出了事情的原委:"今天老师发了单元练习卷,在老师给我们分析试卷的时候,我发现有一道题老师批错了,多扣了我2分。有了这2分我的成绩就能是优秀了。下课我去找老师,但是老师说试卷上有涂改的痕迹,一定是我自己涂改的。老师明明自己批错了,她还

冤枉我，气死我了……"

凯凯终于发泄了自己的不满，道出了事情的经过，凯凯妈妈却又陷入了沉思……

点滴感悟

在现实生活中，我们很多家长都遇到过这样的问题：孩子抱怨自己的老师，说老师太凶；或是老师个人魅力不够；又或是老师冤枉自己；等等。所有的抱怨都透露了一个信息：孩子和老师的关系出现了危机，稳定的三角状态被打破了。亲其师，才能信其道。孩子不喜欢老师这种状态如果不改变，会影响孩子的学习状态。作为家长，我们有必要在关注孩子的身心健康基础上，及时调整自身的角色，用智慧的方法为构建稳定、和谐的师生关系而努力。

温馨贴士

一、情感的接纳

当孩子的情绪处在一个激烈的状态下，家长首先要做到舒缓孩子的情绪。不管孩子为什么心绪不宁，家长首先要做的是和孩子暂时地站到一个阵营，认可孩子的负面情绪，倾听和肯定孩子的情绪感受。当孩子说出自己的困扰或问题时，叙述的过程就是帮助他整理思路和感受的过程，这样他就有可能自己找到解决问题的办法。

二、理性的分析

当孩子回到家里说学校的哪个老师如何如何时，如果我们武断地去听孩子的话，家长会比孩子还要气愤。虽然我们会努力不在孩子面前表达出来，但是我们的情绪显露无遗。可能的话，多想一些类似于"事实的全部是怎么样的?""孩子是否避重就轻地表述了部分事实,还有哪些故事情节和内容是孩子没有表达或者孩子没有看到的?"等问题。

三、行动的支持

孩子由于能力或性格等限制无法自己解决问题的时候,我们可以比孩子多走一步,协助孩子和老师进行相关的沟通。例如:请老师多鼓励自己的孩子,能使孩子很快改变对老师的负面看法;婉转地澄清事实,如果老师比较豁达开明的话……

三点决定一个面。一辆自行车,想要它稳稳地站在那里,必须给它一个支架,少了支架,就会倒下。我们家长可以是师生关系中那个不可或缺的支架,当然这个支架不一定是哪种款式、哪种风格,而是它能决定一种稳定的三角关系,一种让孩子感觉到安全和满足的关系。

(上海市杨浦区控江二村小学分校　洪俊)

08
告别"如约而至"的肚疼

进入小学学习,对于大多数的孩子来说,心中既有兴奋,又有期待。可也有那么一部分孩子会有一丝不安藏在自己心里的某个角落。

在每年九月的开学阶段,校门口总能看到几个这样的学生:他们或许一步三回头,对家长流露出依依不舍的眼神;或许眼中噙着泪花,强忍着想要哭的冲动;或许号啕大哭,抱着家长"死死"不肯撒手。而家长们有的毅然决然,有的紧皱眉头,连连摇头,也有的抱着孩子不停地小声安慰。是什么难倒了这些孩子们?是什么让这些家长愁眉不展,正是这看似简单而又再普通不过的——上学。

故事分享

上课时间已过,可是一年级某班中,毛毛的座位还是空着,班主任李老师不禁担心:已经连续两周出现这样的情况了,难道今天又要晚到?难道又是肚子疼?

正思量着,电话铃声定时响起:"李老师啊,对不起哦,毛毛肚子又疼了,我们晚点来上学。"

"毛毛身体不要紧吧?他已经连续两周在上学时间肚子疼了,你们有没有带他去医院看病呢？"

"看了！所有检查都做了，可医生也检查不出什么问题！幼儿园的时候就这样！"……

又过了近两个小时，毛毛在奶奶的陪同下来到教室门口。原本还好好的，可在进教室的一刹那，又按着肚子直喊疼。终于，奶奶也不淡定了："你这孩子真讨厌，又查不出什么病，每天早上来这样一出！你给我进去！"看到奶奶声色俱厉，毛毛号啕大哭起来，双手抱着奶奶再也不肯松开。

点滴感悟

这种"生离死别"的场景在有经验的李老师眼中已经不是新鲜事了，特别是一年级的学生，在每年的开学阶段都会有这样的状况出现——分离焦虑。

一年级的学生刚从幼儿园升入小学。在他眼中，这是一个自己完全陌生的地方——陌生的环境、陌生的老师、陌生的小伙伴、陌生的课堂，这些都会给他幼小的心灵带来无限的冲击。

有的孩子平时就比较内向，而家长也多宠溺。在孩子上学时期出现恐惧、哭闹，甚至躯体化的症状——头痛、肚子疼等表现后，家长都会表现出极度的担忧情绪，进而迁就孩子的想法——晚点去上学，甚至请假。当然，也有部分孩子由于在学校期间遭遇了不愉快的体验，被老师批评教育后，心生胆怯。

在每天早上的上学时间循环往复地出现这样的情境，家长也会有所察觉，从一开始的好言相劝，进而以责骂、威胁甚至武力来解决，这样让孩子的恐惧心理更甚，出现恶性循环。

● 温馨贴士

一、定个小小目标

出现"上学恐惧"这样的状况以后，家长千万不能操之过急，你的急切心理和焦躁的情绪反而会使情况持续恶化。

家长可以在跟老师商量后,每天跟孩子制定一个小目标——今天比昨天早到校几分钟;今天比昨天少哭几分钟;今天不再拉着送上学的家长;今天眼泪不掉出眼眶……让孩子在小目标的实践过程中,渐渐获得改变。

二、每天总结鼓励

如果孩子能做到每一天的小目标,一定要及时予以大大的表扬。这样的表扬会让孩子更有信心面对日后的挑战。家长可以制作一张富有童趣的表格,如果孩子能完成小目标,就在对应的一格涂上颜色或画上自己喜爱的图案,增加孩子完成目标的兴趣。

三、给予积极回应

家长可以每天抽出一些时间与孩子聊聊学校中发生的事情,对孩子的进步给予表扬。当孩子遇到难题或者因为犯错误而被老师批评的时候,家长可以跟孩子共同讨论应对的方案,引导孩子积极面对问题。

家庭的过度保护是给孩子的一把枷锁,既锁住了孩子与他人的交往能力,也锁住了孩子学习解决问题的机会。只有将孩子内心的想法、情绪真正地释放出来,将家长自身的焦虑管理好,孩子才能应对好分离焦虑。给予安全感是解决分离焦虑的"法宝",鼓励与肯定是解决分离焦虑的"制胜利器"。这样,孩子才能跟那"如约而至"的肚疼说"再见"。

(上海理工大学附属小学　金黎宏)

09 "富养"女儿学问多

不知从何时起,"穷养儿子富养女儿"的育儿观在家长群中流行起来,越来越多的父母相信,"富养"就是要经常带女儿出入各种场合,开阔她的视野,增加她的阅历,这样的话,等女儿到了花一样的年龄,就不容易被尘世中的虚荣和繁华所诱惑。如果女孩子没见过什么大世面,就很容易被一点蝇头小利所吸引,从而吃大亏,导致一生都无法挽回的悲剧。随着时间的推移,许多坚持"富养"的家庭,在面对物质要求越来越高的女儿时,不禁开始出现困惑——"富养"女儿,真的对孩子有好处吗?

故事分享

琳琳出身于一个小康家庭,父母都是公司里的骨干,家庭年收入殷实。她的父母坚信女儿要"富养",于是从婴儿时期开始,琳琳吃的用的都是最好的,幼儿园、小学也是最好的私立学校,每年还有一次出境游。而且从小到大,家里的任何家务她从不参与,过的真的是"公主的生活"。

在父母尽心"富养"下,琳琳对于自己的吃穿用度的要求越来越高。到了小学四年级,学校老师经常和琳琳父母沟通,说孩子在学校太过虚荣,经常带一些过于奢侈的物品到学校,在同学间引起了一阵攀比炫富风潮,而琳

琳的父母对此不以为然。

然而在一次与妈妈一起逛街时,琳琳看上了一个价值2万元的双肩包,一定要妈妈买给她。妈妈并没有直接答应她,谁知道琳琳立即大吼一声:"你们都不爱我!"然后拂袖而去,留下一脸不可思议的母亲一人……

点滴感悟

文中的琳琳由于从小在父母所谓的"富养"教育下长大,从来想要什么就能得到什么,渐渐地产生了一种"只要我想要就一定要得到"的意识。从故事中可以看出,琳琳已经成为一个不顾实际状况索取无度的孩子,只要自己的需求没有立刻被满足,就会产生自己不被喜欢、不被爱的错误认知和行为表达。正是由于这种错误的"富养"方式——长期无条件地满足孩子在物质上的任何需求,才养成了琳琳这种骄纵、任性、唯我独尊的"公主病"。这样的个性,将会影响孩子一生的人际交往。

● 温馨贴士

一、加点"穷养"

内心做个女汉子。在这个男女平等的社会,男孩女孩都是父母的心头肉,长大后都是社会的栋梁支柱,因此同样需要培养女孩吃苦耐劳、坚强独立的品格。这首先需要鼓励孩子自己的事情自己做,比如孩子到了学吃饭、学做家务的年纪时,家长要适当"偷懒",耐心等待孩子把事情做好,必要时也可以给予适当的指导。

二、加点"精养"

养出气质女神。对"富养"的正确解读应是培养气质,有条件的家庭可以让孩子学学琴棋书画,陶冶情操。在家里,有意识地创造环境，让孩子学会关心别人、帮助别人。黄磊女儿多多不就是"精养"的典范吗？会弹琴，会说英语，更善解人意，这样一个完美的多多姐姐怎能不让人喜欢呢？

三、少点"惯养"

让孩子从小知道"NO"。因为家里宠惯了，孩子就容易产生"唯我独尊"的想法，认为只要撒娇或闹脾气并且坚持到底，爸爸妈妈就会满足、配合，别人对他们也永远只能说"YES"。"富养"并非"惯养"，孩子要"十分"，家长给她"六七分"就好了。孩子闹脾气，必要时要讲讲道理，要告诉她一些界线，让她知道别人会拒绝她，从小经历碰壁，长大后才能走得更稳、更远。

"富养"并不单纯指物质上，精神和情感层面的教育更为重要。世界上没有两个完全一样的人，每个孩子都是独一无二的个体，对待同一件事的观点、心态和满足度等都不相同，同一份教养也无法完全适用于两个不同孩子。真正的"富养"，是完全切合自己孩子每个阶段成长特点的、结合物质层面与精神层面的综合教养。

（上海市杨浦区控江二村小学　褚雯黎）

Part 5
帮助孩子抵制诱惑

面对各种电子产品，作为家长，如何才能引导孩子更好地使用它们，而非被它们"奴役"呢？

01
远离"毒蛇猛兽"
——网络游戏

有人说:"网络让我们的地球变成一个村落!"这句话代表了人类一种广泛沟通的欲望。网络游戏,也称在线游戏、电子游戏,一般指多名玩家通过计算机网络互动娱乐的视频游戏。有战略游戏、动作游戏、体育游戏、格斗游戏、音乐游戏、竞速游戏、网页游戏和角色扮演游戏等多种类型,可以多人同时参与,通过人与人之间的互动达到交流、娱乐和休闲的目的。

提到网游,人们往往会把它和未成年人的健康联系在一起,并把它视之为青少年误入歧途的罪魁祸首,人们关注的大多是其所造成的负面影响。网游所带来的一系列教育、社会问题不容忽视,特别是对青少年的危害,我们更要严加提防、马虎不得。

故事分享

李功(化名),一个五年级男生,非常喜欢上网,喜欢玩CS枪战网游,最近上网成瘾,成绩很差。他向老师解释,没有谁会欣赏他,只有在网络游戏中,他才能获得快乐与胜利的成就感。妈妈每天都唠叨同样的话题,逼着他学习。他喜欢的事做不了,不喜欢的事非得做,这让他感到深深的厌恶,就产生与妈妈对着干的想法。他甚至说,上网就是上给妈妈看的。

李功和母亲都处在各自比较特殊的生理、心理时期。啰唆遇叛逆，让母亲的苦心不仅打了水漂，还被儿子误解。这对母子一直在纠结中……

点滴感悟

网络本身就是一个虚拟的世界。人们可以在这个虚拟的世界中扮演与现实生活中完全不同的角色，可以享受角色扮演带来的快感。在这里的李功摘掉了生活的面具，尽情享受网络游戏带给自己的快乐！然而，网络是虚幻的，不可以把此当作心灵的寄托！李功只有勇敢地面对现实，克服身上的惰性，寻找合适的学习方法，查漏补缺才能赶上大家！

温馨贴士

一、专业疏导出成效

李功开朗活泼，心理年龄比实际年龄小，老师设计一系列训练活动，如真人CS枪战，让他在优势活动中，获得成就感，得到尊重。自从玩了现实版的CS枪战后，李功觉得CS网游没什么意思了。然后再引申到学习中，让他战胜学习困难，赢得尊重。

同时，老师举办家庭诊疗会。李功和父母面对面坐下来，通过书面形式交流，第一次心平气和地把各自对对方的想法提出来。几番交流后，儿子和母亲内心的痛苦都能被对方感知。亲子关系缓和后，老师又引导李功感恩亲情，回报母亲的养育之恩。

二、浓浓关爱暖孩心

我们常说让世界充满爱，我们说爱是一种关心、一种体贴、一种帮助，使人感到精神的愉悦和心理的满足。爱又是一种力量，使人在困窘中得到摆脱，在困难中获得力量，在获得成绩时得到更大的鼓

励。在充满友爱的家庭中，阖家和睦，心情愉快，家庭生活充满了欢乐，敬老爱幼得到充分的体现。尽管孩子的智力有差异，但李功成绩不理想的原因有很多。假如李功能发挥自己的主观能动性，学习积极性高，学习成绩自然也会有所提高。然而，李功选择用消极的情绪和退步的成绩来表达对母亲的不满。假如母亲能尊重李功的人格，在平时的生活中给李功更多的关爱，多与李功进行深入交谈，那么母子之间的感情就会融洽很多，李功也会进步很多。

三、亲子互爱互尊重

父母对子女的爱一定要为孩子所感受、理解与接纳，从而在他们心中产生一种幸福感，感受到生活的情趣，也就是我们常说的"天伦之乐"。假如李功的母亲经常用关心、赞赏或鼓励的语言向孩子表达爱意，如吃饭前的关照，成绩提高时的赞扬，做事成功时的赏识，挫折时的鼓励，错误时的善待，不和别人比成绩，只和自己过去比……相信李功会远离"毒蛇猛兽"——网络游戏，在自己父母的关心下，回到现实生活中来，成为真正的"英雄"！

不言而喻，长时间上网玩游戏会严重影响孩子的学习，游戏对孩子有着强烈的吸引力，而孩子的自控能力普遍很低，如果家长不加管教，孩子就会沉迷游戏，无法自拔，成绩一落千丈。

孩子长时间上网玩游戏，还可能形成孤僻的性格。因为缺乏与现实中人的沟通，孩子可能变得封闭，不合群。长此以往，对孩子的发展极为不利。作为家长应该鼓励孩子主动与人交流，多出去走走，多参加户外活动和集体活动。

（上海市浦东新区福山外国语小学　陈继红）

02
乐享电子产品不烦恼

随着"互联网+"时代的到来,手机、电脑、电子书等各类电子产品充斥着我们的生活,无论走到哪里,都可以看见正在浏览电子屏幕的人。当然,电子产品的出现在很大程度上丰富了我们的信息来源,也为我们的生活提供了很多便利。然而,也有越来越多的孩子因为过度使用电子产品而戴上了眼镜,还有一部分孩子因为过度迷恋电子产品,导致上网成瘾。面对各种电子产品,家长如何引导孩子更好地使用它们,而非被它们"奴役"呢?

故事分享

小涛就读于一所重点小学,三年级的他,成绩在班级里面一直名列前茅,还担任了班级的中队长,和同学相处得也不错。父母一直以他为荣,对他的学习也比较放心。

随着信息课上对网络知识的了解越来越多,同伴之间对网络游戏的关注也越来越多,小涛对网络游戏也越来越着迷。他常常和班级里的几个小伙伴相约一起在网上玩游戏,交流的话题也离不开游戏。小涛跟父母商量,做完作业后允许他上网玩一会儿游戏。起初,父母对于他上网的行为是比较宽容的,说只要不影响学习就行。不料他在期末考试时成绩有退步,父母把他学

习退步的原因归结到上网玩游戏上，一怒之下禁止他上网，还将家里的电脑设了密码。取而代之的，是各种各样与日俱增的作业。

离开网络一段时间以后，小涛的成绩有了一些回升，但是笑容少了，话也少了，他说自己很痛苦，父母看到他的样子，也觉得很痛苦，但不知道要怎样才好。

点滴感悟

电子产品的确可以给我们带来便利和乐趣，很多大人面对网络游戏都欲罢不能，更何况是好奇心旺盛的小孩子。

对于小涛这样学习能力较强，成绩优异的孩子，考试成绩不理想，他心里一定也不舒服。但是学习退步可能有多方面原因，比如试题难度大了，学习方法有问题，复习没抓住重点，答题时粗心大意，等等，不一定仅仅是因为玩了网络游戏。但小涛的父母却武断地认为是网络游戏惹的祸，忽视了孩子的自我反省，没有寻找学习退步的真正原因。

孩子在游戏中找到了乐趣，体会到成就感，还因此和同伴建立了友谊，这些的确很容易使得孩子对游戏着迷，一旦游戏成瘾，或许后果更加严重。如果父母生硬地割断孩子和网络游戏的连接，他们亲子之间的关系就会受到影响。而孩子缺乏一个乐趣的来源或出口，加上课业负担也更繁重，自然会感觉孤独、痛苦。

● 温馨贴士

一、"堵"不如"疏"

当我们把精力放在如何禁止或限制孩子接触电子产品上时，孩子难免会产生逆反心理，并用自己的方式去对抗。家长越强势，孩子可能越逆反，甚至可能为了对抗家长而故意去做被禁止的事情。所以，在这件事情上,"堵"不如"疏"。电子产品的使用已经渗透到生活的点点滴滴中,与其让孩子隔绝它们,不如教孩子如何更好地使用它们。

二、制定规则

让孩子了解各种电子产品的功能,并和他们讨论家庭成员应该如何更合理地使用它们,彼此约定好使用的时间、地点和频率等,写成合约的形式,共同遵守。父母可以为孩子推荐一些有益学习和身心健康的网络学习平台,促进孩子的学习,还可以选择一些适合亲子互动的网络游戏和孩子一起分享乐趣。

三、陪伴交流

有时候,孩子之所以沉迷玩电子产品,很大的原因是没人陪他在现实的世界里玩,他们渴望被关注,渴望成就感。而这些,在虚拟的游戏世界里都能得到满足。作为父母,要关心孩子的心理状态,多抽时间陪伴孩子,多带他们在大自然中玩,在家庭中玩,以减少孩子对于电子产品的依赖。

如果孩子行为上出现了问题,要体谅孩子的处境,静下心来与孩子进行交流,了解问题背后的原因,这样才可能更好地帮助孩子成长。

每一种工具都可以被我们好好使用,给我们带来福利,但也可能因为滥用而使人受到伤害。面对电子产品,是快乐地享用它们,还是被它们所"奴役",取决于我们的心态,让我们和孩子们一起理性面对,乐享电子产品,不再烦恼!

(上海市浦东新区福山外国语小学　王晓)

03
接受孩子的"坏"朋友

俗话说,物以类聚,人以群分。朋友往往就是我们的镜子,交什么样的朋友,有时候会左右甚至决定着我们会变成什么样的人。好的朋友如同阳光雨露,会使人生更加美好,而坏的朋友则极可能会把我们拉入同流合污、一同堕落的境地。正如圣人所言:"与善人居,如入兰芷之室,久而不闻其香,则与之化矣。与恶人居,如入鲍鱼之肆,久而不闻其臭,亦与之化矣。"意思是说,我们和道德高尚的人在一起,就像进入充满兰花香气的屋子,时间一长,自己本身因为受到熏陶也会充满香气,于是就闻不到兰花的香味了;和素质低劣的人在一起,就像进入了卖咸鱼的店铺,时间一长,连自己浑身都变臭了,也就不觉得咸鱼是臭的了。正所谓"近朱者赤,近墨者黑",由此可知:对于单纯的孩子们来说,引导孩子交什么样的朋友,成了家长们慎之又慎的问题。因为小学阶段的孩子是非观念薄弱,尤其容易受到同伴的影响。如何选择朋友对于成长中的孩子来说太重要了。但是,我们大人眼中的"坏孩子"是不是就不能成为孩子们的朋友了呢?

Part 5　帮助孩子抵制诱惑

故事分享

"哔哔",我的微信上跳出了彤彤妈妈的头像:

"詹老师,今天孩子无意间透露她和班上的小刘玩得很开心。我真的很担心,因为常听别的家长和学生说小刘的学习成绩可差了,经常被老师留下来。我告诉孩子'物以类聚,人以群分',让她不要和小刘来往,但是孩子很不乐意。怎么办呀?"

思忖片刻,我回了一条信息:

"彤彤妈妈,你的心情我很理解。小刘这孩子身上确实有一些不太好的行为习惯。但每个人都有自己的优劣面,小刘身上也有闪光点。孩子对于朋友的选择其实没有什么标准,如果我们强势介入,帮孩子辨别好坏,结果可能会适得其反,造成亲子间的不信任。不妨试试先认同孩子的朋友,然后慢慢引导,让她接受正确的交友观。"

点滴感悟

社会心理学家班杜拉也提出了孩子喜欢模仿、观察学习的观点,所以父母自然希望孩子身边都是好的榜样,这样才可以影响甚至改变自己的孩子,从而养成好的行为习惯。反之,那些"不好的朋友"则被认为是定时炸弹,家长们都希望将其屏蔽掉。当我们遇到和彤彤妈妈同样的问题——孩子交上了"坏"朋友时,该怎么办?起先,彤彤妈妈用的就是屏蔽掉不好的朋友的方式。可是,最后却发现效果甚微,甚至起到相反作用。其实,"堵"的教育方式是一种刚性的教育方式,用得不好,就可能破坏亲子间的信任,要是彤彤刻意隐瞒妈妈,事情就更严重了。

有教育理论认为:与其把过错推到不好的伙伴身上,还不如给孩子有效地立下规矩。对于较小的孩子来说,伙伴之间的游戏多数是平行的,相互之间影响甚少;再大一些,孩子会需要互动、一起玩游戏。孩子这个时期已

经形成了自己的认知水平，已经不是单纯的观察、模仿学习了。所以，家长所担心的被带坏并不仅仅是由于同伴之间的影响，更多的是由于孩子自己的好奇心、自控能力不足形成的。所以，这时我们还是以疏导、引导的教育方式为主比较好，这是一种柔性的、更人性化的教育方式。既然女儿把她当朋友，作为家长，完全可以"爱屋及乌"，多聊多观察，对孩子的朋友有更全面的了解。

后来，彤彤妈妈确实也看到了小刘的优点，帮着彤彤分析朋友不对的地方。因为有批评有赞美，彤彤没觉得妈妈对她朋友不敬，反而笑呵呵地把妈妈的观点全盘接收了。最可喜的是，彤彤不但学会了交"好"朋友，也知道了如何和"坏"朋友相处——择其善者而从之，其不善者而改之。人的一生，总会结交各种各样的朋友，树立正确的交友观，能够让孩子少走弯路错路，更好地和这个世界温暖相拥。

温馨贴士

一、帮助孩子明辨是非

孩子毕竟小，他们很可能会混淆是非。或许，他们会觉得能打架是强大，会说脏话是聪明。所以，家长要告诉孩子，哪些行为是好的，哪些行为是不好的。如果孩子有了辨别是非的能力，就会主动远离那些行为习惯不好的人，主动与一些好孩子交朋友。

二、引导孩子辩证评价

每个人都有长处和短处，家长不能"戴有色眼镜"看人，单纯地用成绩或家庭出身来评判孩子的朋友；也不能因为孩子的朋友偶尔有一些不好的行为习惯，就将其完全否定并禁止自己的孩子与其来往。要鼓励孩子在不同场合，与不同类型的朋友接触，从不同的朋友那儿获得不同的感受，学到不同的知识。

三、寓教于乐共同成长

孩子的自制力和自控力毕竟有限,当发现孩子与志趣有问题的朋友交往时,家长也要采取一些果断措施予以干涉。而如果孩子的朋友只是有一些不太好的行为习惯,家长可以将孩子的朋友请到家里来玩或主动参与他们的游戏,寓教于乐,对他们进行正确的教育、引导。

行为主义心理学家华生曾说过:"给我一打婴儿,我可以任意把他们培养成律师、医生、音乐家等。"右脑开发专家也提出:孩子先天就是一张白纸,身边的人和事都可以影响其一生的发展。因此,孩子在成长的过程中,择优确实非常重要。我们家长只有教会孩子明辨是非、辩证评价,才可以真正地解决孩子交友不慎以致被带坏的问题,才能让孩子进一步用规范正己,增强他们自身的自信心。

(上海市杨浦区二联小学　詹雯)

Part 6
成长中遇到的问题

孩子的"自我成长"常表现出缺乏实际经历和体验的虚拟成长的状态，因此矛盾重重。

01
含苞欲放

——身体早熟的孩子，怎么给TA更多的帮助

无端身体长高了，长胖了，女孩子有了胸脯，来了初潮，变得爱哭爱生气，多愁善感；男孩子似乎常常"感冒"，声音嘶哑，生殖器变大，仗义冲动——这一切都是怎么了？忧心忡忡的眼神中多了些许的恐慌。显然是身体带来了"长大"的信号，告诉家长们你眼中的小宝贝向你发出了这样的呼喊："我要长大！"

故事分享

体育课上，调皮大王小林跑来告状："白老师，小芳体育课不跑步，被老师批评了还不改正！她还在哭呢！你快去看看吧。"

我连忙来到操场，只见小芳涨红着脸，呆呆地站在操场一角哭。几个女同学围了过来，有的安慰，有的递纸巾。"我妈妈让我不上体育课的。"小芳头埋得更低了。

"老师，她刚说她肚子疼。"

肚子疼？会不会……

点滴感悟

一句"肚子疼"一下子点醒了作为老师的我。四、五年级的孩子正处在青春前期,这个阶段的孩子们慢慢开始发育,会出现三种类型的早熟:(1)生理早熟,就是出现第二性征,如女孩8岁前出现乳房,10岁前来月经;男孩9岁前有阴茎、睾丸增大等现象;(2)心理早熟,就是对异性有爱慕、敏感且情绪变化无端等;(3)智力早熟,就是在某一方面有超常的表现,比如说有的孩子会对社会交往和社会生活等方面显现出特别的能力。

除了可能出现上述三种类型的早熟外,还有一个很明显的现象就是逆反现象,这个时候往往很多家长都觉得孩子比以前难管了。而这正是亲子矛盾的第一次交锋,初步表现是家长的放手与学生的"自我成长"间的矛盾,家长会觉得四、五年级的孩子生活习惯、学习习惯已养成,不需要再时刻陪伴或叮嘱,而恰恰孩子的"自我成长"又表现出缺乏实际经历和体验的虚拟成长状态,因此家长与孩子之间矛盾重重。

温馨贴士

面对孩子们的这一特殊成长期,家长要学会判断,并有针对性地进行指导。

生理早熟往往伴随着心理早熟,对待这个阶段的孩子,我们要关注孩子身体变化带来的不安情绪,而身体发生变化是一种成长的过程,是每个人都必将经历的。面对此时出现的变化,首先,家长从容的态度和正确的科学指导,对孩子们来说将是一帖稳定剂,能让他们充分感受到安全感。这一阶段也特别强调对孩子自我保护的意识教育和青春期知识教育,消除其因生理早熟而导致的紧张心理。此外,如果有必要,需要对饮食结构进行调整,比如,少吃反季蔬果、补品、油炸类等食品。

> 智力早熟,包括社会早熟,在这个阶段孩子表现出来的"才智",如音乐、绘画、社交能力等,家长们应进行恰当的欣赏和鼓励,可以利用这一时机培养孩子的兴趣特长,支持鼓励孩子发挥优势,同时对短板方面进行补缺,帮助孩子全面发展。

孩子在不同的年龄阶段会出现不同的特点,家长必须加以重视并深入了解,同时不断学习相关心理学知识寻找应对策略。孩子们的世界就像一条充气的玩具塑料小船,又轻又窄,稍经风浪就摇摆不定,岌岌可危。在孩子们要"翻船"的时候,也就是他们向家长寻求帮助的时候,需要家长们稳住船身,和孩子们一起度过风浪。

(上海市浦东新区明珠小学 钱萌)

02
请为女孩贺初潮

一般情况下,女孩12~14岁进入青春期,开始来月经,有些早的话会在10岁出现。第一次经历月经初潮,女孩都没有经验。有些父母忙于工作,或不在孩子身边,很容易忽视对孩子的引导。如果没有经期知识的话,女孩心理上会焦虑不安,甚至会产生恐惧,如:有的女孩会认为自己得了绝症,很快就会死;有的觉得这是一件很丢人的事情,羞于启齿……这些想法困扰着女孩,影响到她们的学习、生活和身心健康。

故事分享

四年级的丽丽放学回到家,妈妈发现女儿脸色不太好,关心地问她怎么了,是不是身体不舒服?女儿低着头轻声说:"妈妈,我肚子疼,可能那个来了。"丽丽妈妈愣了一下,立刻反应过来,看着女儿害羞的样子,丽丽妈妈赶紧走上去抱着她,激动地说:"丽丽,你长大了!妈妈太开心了!从今天开始,你不再是一个小女孩,而是一个大姑娘了,妈妈祝贺你!"

丽丽紧绷的身体放松下来,皱着眉头说:"可我肚子很痛是怎么回事?"妈妈赶紧让她坐下,给她冲了一杯热气腾腾的红糖水。告诉她来月经时腰酸、肚子痛、有下坠感是正常现象,不用担心,又赶紧把家里早就准备

好的经期用品拿出来，耐心地教她怎么用。

点滴感悟

妈妈听到女儿初潮的消息，在为孩子成长感到激动的同时，也会感慨时间的流逝，又会对女儿是否能照顾好自己有些担心，内心肯定很不平静，真的是五味杂陈。现在是信息时代，孩子们获取信息的渠道和方式很多，不再像父母那个年代那么闭塞，再加上现在很多学校都会对学生进行一些青春期知识的普及教育，女孩对待月经的接纳度相对更高一些，所以妈妈们也不用太过担心和焦虑。

月经初潮的到来，是一个女孩生命中的重要时刻。在生理上发生了质的变化，标志着女儿向成熟女性迈开了第一步。就像生活中突然闯入一位不速之客，孩子可能会感到不习惯，心理上也会产生一些不安，情绪波动较大。这时妈妈需要关注孩子的情绪反应，多跟女儿沟通、交流，及时解答孩子心中的疑惑，避免孩子出现经期综合征。

月经初潮后，女孩的子宫和卵巢功能尚不平衡，所以在初潮后的几年内，月经不会很规律：有的孩子会在初潮后月月按时见红；有的则会间隔几个月，甚至一年多时间没有动静；有的人经血量也会时多时少，时间上忽前忽后；有的人初潮的颜色可能不是鲜红色，而是粉色、橘黄色等。随着年龄的增长、身体发育逐渐成熟，这些现象都会自然消失的。但如果经期时间超过7天，要及时到医院就诊。

• 温馨贴士

一、家长要做个有心人

生活中善于观察，留心孩子的情绪变化，平时养成和孩子沟通交流的习惯，营造良好的家庭氛围。引导孩子遇到困惑时，应第一时间告诉家长，寻求家长的帮助。

1. 提前做好知识普及和经期用品准备

现在因饮食、环境等因素，女孩的发育时间有所提前。家长最好在女孩9岁左右寻找合适的机会，做好性知识普及教育的准备工作，并在家里准备好经期用品。

2. 了解月经初潮前兆

我们可以通过观察孩子身体的变化去判断。通常胸部的发育是孩子进入青春期的第一性征，随之而来就是阴毛的生长。乳房发育约一年后，大部分的女孩就会进入快速的发育时期，她们会长高和变得更有曲线。通常大约在快速发育的一年后或者胸部发育后的两年后，月经初期就会到来，所以这个阶段也要特别注意加强营养。

二、跟孩子谈月经要有技巧

有的父母觉得跟孩子谈月经会尴尬，有些孩子也会不愿意让父母知道她们的问题和担忧。父母可以找一些相关的书籍或者视频帮助话题的展开；也可以通过提问题的方法打破僵局；或者是在生活中利用合适的契机聊这个话题，如电视剧故事情节、生活事件等。

三、月经初潮后，妈妈这样做

为孩子庆贺，让孩子不再紧张，更自然地面对身体变化；解答孩子身体烦恼，降低孩子好奇心，减少孩子不必要的忧思，以免造成心理负担；讲解经期注意事项，避免感染其他疾病；主动关心，疏导孩子焦虑不安、害羞等情绪。

月经来潮与卵巢以及受其影响的子宫内膜的周期性变化有关，子宫内膜自然脱落，形成经血排出体外，每月一次，称为"月经"。古时候又叫月事、月水、月信。现在俗称例假、大姨妈、老朋友、倒霉了等。从月经初潮

开始,它将伴随一个发育正常的成熟女性走过30~35年的历程,也奠定了女孩为人妻、为人母的生理基础。

(上海市浦东新区华高小学 张琪娜)

03 男孩变声的烦恼

进入青春期后，每个孩子都会出现一定时间的"变声期"。一般从12~14岁开始，有的会更早。男生的嗓音从稚嫩的童声转变为低沉而浑厚的成人声音，后期会长出喉结，女生的变化则往往觉察不到。变声是人生发育的必经阶段，是正常的生理现象，不必担忧。但嗓音的变化往往会引起同伴的关注，甚至嘲笑、欺侮。

每个孩子对嘲笑的看法和反应各不相同，这常常取决于他们的自尊心。自我感觉良好的孩子在社会交往中通常更加果敢而自信，而自卑的孩子往往更容易遭受嘲笑。

故事分享

五年级的冬冬放学回到家，显得闷闷不乐的，行为有些反常。妈妈走上去问："儿子，你怎么了？能跟妈妈说说吗？"

冬冬生气地把书包扔在沙发上，愤愤地说："今天上音乐课，老师让我站起来唱歌，我刚唱一句，后面的几个男生就开始嘲笑我的声音粗，后来全班同学都笑我。"说着，冬冬的两只手紧紧地攥在一起，看得出当时同学们的笑声对他的影响有多大。

妈妈拍拍儿子的肩膀说:"妈妈能感觉到你当时肯定很生气。不过你今天不说,妈妈还没有注意到你已经开始变声了。这是一件好事,说明你长大了,已经开始发育,要长成一个男子汉了!"

"变声?"冬冬诧异地睁大眼睛看着妈妈。

"对呀!变声就是到了青春期身体开始发育,声音会变得跟小时候的童声不一样,男孩子还会长出喉结,女孩子也会变声的。你们班别的同学有变声的吗?"

冬冬想了想说:"有的,有个男孩的声音很粗,他们也嘲笑他。可是变声什么时候才能结束呀?我不想让同学们笑话我!"

"每个人变声的时间长短是不一样的,大多数人会持续半年到一年时间。同学笑你,可能是因为觉得你的声音特别,好玩而已,应该没有什么恶意的,不要太放在心上了。"

冬冬如释重负地点点头,回自己的房间了。

点滴感悟

变声是人生发育的必经阶段。在激素的影响下,男孩喉部的软骨,特别是甲状软骨很快长大,向前突出形成喉结,声带也随着增长,嗓音变粗。心理与情绪对变声是有一定影响的。有的男孩在家里娇生惯养,说话娇声娇气。变声期后,他的嗓音往往变得尖细,还像小孩子的声音一样,以后再想改过来也不容易了。

变声期的长短因人而异,长短不一,短的4～6个月,长的可达一年左右。变声期声带发生了显著的变化,声带充血、肿胀,很容易受损伤。为了保护嗓子,男孩尽量不要大声嘶叫,不要长时间地大声说话,避免不良外界因素的刺激,不要吸烟,不要吃刺激性食物,并做到劳逸结合,积极参加体育活动,防止受凉感冒。

嘲笑会对孩子的情绪造成一定的影响,留下心理创伤。因为嘲笑会让孩子感觉到鄙视和轻慢，无法获得同伴某种程度的认同。而且孩子会从别人对待他的评价和态度中认识自己，影响到他的自尊心，让他变得更加脆弱和敏感。家长对此应该引起重视，留心观察孩子身体的变化，及时关注孩子的情绪状态，正确引导孩子如何面对同学们的嘲笑。

招致嘲笑的因素有很多，如：外表的高矮胖瘦，能力（学习成绩）的高低，特殊的家庭环境，姓名的谐音等。其中，外表差异是小学生被嘲笑得最多的原因。儿童对外表的差异性非常敏锐，同学的身高、胖瘦、牙箍、衣着、皮肤黑白等都是嘲笑的对象。

• 温馨贴士

一、孩子变声期，家长这么做

1. 给孩子普及青春期的生理卫生知识，让孩子了解青春期前后的嗓音变化和身体的一系列改变。
2. 要使孩子保持心理和情绪的稳定。
3. 要有充足的营养，多吃些肉类、蛋类、乳制品及新鲜的蔬菜、水果。
4. 要有充足的睡眠，每天最好睡足9小时。
5. 要教育孩子节制用嗓。
6. 定期请喉科医生检查孩子的喉部，及时纠正孩子的不良习惯。

二、孩子被嘲笑，家长别冲动

当孩子遭到嘲笑时，做父母的难免心生不快，但有些做法不仅不能解决问题，反而会让情况变得更加糟糕：①不该教孩子以牙还牙。这种做法会让孩子习惯用语言攻击性行为来解决问题，一旦形成习惯，口德不好，日后会让孩子遭到周围人的排斥。②不该找对方理论。这种做法表面上是你在帮孩子"争一口气"，实际后果却可能会

使自己的孩子遭到孤立。③不该对孩子置之不理。有些父母会责备孩子"小题大做""一点小事都受不了,没出息"。有些孩子很在意别人的嘲笑,如果遭嘲笑过于频繁,孩子就会否定自己,变得不自信,不敢与人交往,甚至不敢上学。

三、培养自尊,勇于面对嘲笑

实事求是地表扬孩子的成绩和成就,看到并鼓励孩子付出的努力;尊重孩子的兴趣和选择,遇事征求孩子的意见,鼓励孩子大胆表达自己的想法;家长对孩子提出的要求要适度,过度的期望会使孩子产生消极的看法;引导孩子正确面对自己的弱点和错误,不要产生挫败感;家长的过度保护,会向孩子传达"他不行"的信息,使孩子产生自卑感。

有研究表明,情绪紧张常常会造成声带关闭不全、水肿、长息肉等病态。所以,孩子处于变声期时家长一定要及时关注,尤其是孩子在面对同学嘲笑的时候,家长要耐心引导,让孩子感到精神愉快,这对孩子安全度过变声期有重要意义。

(上海市浦东新区华高小学　张琪娜)

04 爱的悸动

"在年轻的时候如果你爱上了一个人,请你一定要温柔地对待他……那么所有的时刻都将是一种无瑕的美丽。"——席慕蓉

在许多诗歌中,有关爱情的描写总是那么让人悸动,令人神往。然而,当孩子这种悸动发生在了青春期,对于中国的家长来说,很可能是毁灭性的。要说孩子进入了中学,家长最害怕什么,"早恋"一定是排行前三。我们提心吊胆、草木皆兵,恨不得给孩子喝下那"无情水",让他在学习阶段无情无爱,可惜世上并无此水。那么我们究竟该以怎么样的心态去面对孩子喜欢异性同学呢?

故事分享

琳琳是个活泼开朗的女孩,从小成绩优异,一直是父母的骄傲。小升初时,通过自身努力,进入了一所名校,在第一学期的家长会上,琳琳的妈妈被班主任老师留了下来,原因就是琳琳疑似早恋。当琳琳妈妈询问班主任老师根据时,得到的答复是琳琳总是喜欢和几个男孩子一起玩。听完后,琳琳妈妈立即很肯定地告诉老师,琳琳只是因为个性偏男性化,所以喜欢和男孩子一起玩,绝对不会早恋。

当天晚上回到家,妈妈什么也没有和琳琳说。几天后,在母女对话时,妈妈问起了琳琳最喜欢哪些同学,当听到异性名字的时候,妈妈还调侃了句:"哎哟,有没有喜欢哪个男生啊?"在听到琳琳否定的答案后,妈妈就再也没有说什么……

点滴感悟

许多家长闻"恋"色变,其实大可不必,要知道人有七情六欲很正常,情感都是纯洁而又美好的,即使对于青春期的孩子来说,喜欢异性同学也是一种正常的情感,我们应该正视孩子的这种情感,因为这是青春期身心发育的必然现象。

青春期是童年走向成年的过渡,主要标志是性发育和性成熟,在这期间孩子们要经历躯体和心理上的急剧变化,可以说是青少年社会化的重要时期。

青少年在性心理上一般都要经过"对异性的暂疏远期""对长者敬慕期""对异性向往期"三个发展阶段。他们通常会对异性有一种神秘的向往,会希望和异性有所接触,或者渴望引起对方的注意,等等。此时,他们的注意力更多地关注别人,而不是自己,他们变得敏感而又叛逆,同时也伴有情感不稳定的特征。

温馨贴士

一、坦然面对,关心爱护

如果发现孩子与异性朋友交往,家长不要大惊失色,捕风捉影,更不要过早地为孩子贴上"早恋"标签,这样会让孩子产生心理压力。要知道,孩子有了喜欢的异性同学,这都是一种正常的心理反应,说明他长大了。父母应该坦然面对,我们要给予孩子的是更多的

> 关心和爱护，我们可以经常询问孩子对周围异性伙伴的印象如何，以了解孩子的想法，也可以讲述自己青春期异性交往的故事，从而形成和谐的沟通氛围，使孩子愿意分享。切不可在沟通了解的过程中被孩子拒绝后就严厉地逼问，结果不但问不出答案，还会让孩子更抵触，有些甚至产生叛逆式的"早恋"。
>
> **二、肯定情感，引导转化**
>
> 在发现孩子和异性同学交往之后，我们家长一是要让孩子知道喜欢是可以的，但是喜欢并不是全部，他们目前的年龄还小，在未来的时间里，还有太多的可能性，也可能会发现更多更优秀的人。二是引导孩子懂得喜欢别人也是一种责任，意味着要更多的包容和责任，引导孩子们将注意力集中在自己身上，通过努力学习把自己变得更好。

感情是美好的，对于"早恋"这回事，作为父母一定要从积极的方面去看待，引导和激励孩子正视自己的情感，学会欣赏别人。

（上海市浦东新区小学教育指导中心　姚琳姬）

Part 7 教育方法

鱼和熊掌可以兼得,学与玩相长,而非对立。家长要与孩子一起巧思考、巧安排、巧学习,孩子才能够成为一个既会学习又有特长的人。

01
鱼和熊掌可兼得

——如何兼顾学习和培养特长

学习成绩优秀,又是钢琴能手,或又是围棋高手,或又是运动健将……在每一个家长眼中,这应该是孩子的理想状态。然而,随着孩子年龄增长和年级升高,学习的任务越来越重,升学和择校的压力也越来越大。家长们发现,孩子要将自己的特长坚持下去越来越难。然而,特长对于孩子来说意义重大,不仅仅是展示自己、增强自信的渠道,也是增进幸福感的重要来源。因为在一个人的人生中,能够坚持做哪怕一件自己喜欢的事情,都是非常重要的。然而,鱼和熊掌可否兼得?让我们就这个话题做一次深入的探讨。

故事分享

思思从念幼儿园中班开始学习舞蹈。因为热爱舞蹈,身体条件也比较好,思思一直是学校舞蹈队的成员,每次学校的汇报表演,她一定是其中的一分子。随着年级的升高,思思的学习任务日渐加重,而舞蹈的训练却一点也不能少。到了初中,因为思思的舞蹈能力较强,每次大大小小的舞蹈会演,都少不了思思。由于会演前的训练强度增加,思思能留给做作业的时间越来越少,有时候要做到夜里十点半之后才能洗漱睡觉,第二天常常累得筋疲力尽。

思思的邻居们知道后,经常对思思妈妈说:"看看,你们家思思都黑了瘦了，女孩子哪能这么折腾，把舞蹈停了吧，思思资质不错，集中把学习搞好，以后还要上重点高中呢！"

听得多了，思思妈妈也劝孩子放弃舞蹈，可倔强的思思太爱跳舞了，怎么也不肯放弃。一边是日益繁重的学习任务，另一边是高强度的舞蹈训练，思思妈妈看在眼里，疼在心里！

点滴感悟

著名积极心理学家米哈里·契克森米哈赖根据美国近年针对青少年和成人日间活动的研究发现，当人们从事运动、弹奏乐器等活动时，大多比较快乐、专注、有动机，而且比一天中任何时候更容易产生心流体验（心流体验是一种将个人精神力完全投注在某种活动上的感觉，其产生的同时会有高度的兴奋及充实感）。在这些时候，不论快乐、动机、专注力还是心流等体验都达到巅峰，并且彼此协调一致。可见爱好特长对个人的重要意义。

然而，做好任何一件事情都需要花费大量的时间和精力，学习如此，特长亦如此。因此，只有合理安排好时间，才能找到兼顾特长与学习的钥匙。

温馨贴士

一、不"非此即彼"或"孰优孰劣"

东方民族普遍存在着"万般皆下品，唯有读书高"的集体潜意识，认为做什么都不如学习重要，然而时代的进步和心理学的进展发现，在孩子的人生中，特长与学习有着同样重要的地位。正如心理学家米哈里·契克森米哈赖的研究显示的那样，人要会工作，同样要会休闲和娱乐，看电视这一类被动休闲远不如从事运动、弹奏乐器等主动休闲能让人达到各种体验的巅峰。因此父母首先不要有"非此即彼"或"孰优孰劣"的意识,这样的意识会不自觉地传递给孩子,让孩子在学习任务繁重的时候主动放弃自己本来珍惜的特长与爱好,从而放弃了人生中非常美好的一个"伴侣"。引导孩子在人生任何阶段都坚持自己的爱好与特长,就是帮助他今后遇到任何艰难困苦都能找到一个心灵的依托。

二、学习与特长可以互为正能量

学习和特长并不是天生矛盾的两面,是不会有本质冲突的,而且发展特长需要孩子投入专注、耐心、坚持、勇气,而特长形成后能为孩子带来成就感和自信感,很多特长还能培养合作精神(比如篮球、舞蹈、乐队表演等)。所有这些积极正向的品质,都能够正向地促进孩子的学习,因为学习的过程也需要所有这些积极品质。

当特长是孩子主动选择并主动坚持的时候,家长可以在日常生活中潜移默化地肯定孩子在培养特长过程中表现出的各项积极品质,并有意识地引导孩子将这些积极品质运用到学习生活中去,让学习与特长成为互相促进的正能量,这样或许能获得双丰收。很多优秀的人才,都是将两者兼顾得非常好的例子。

三、学习与特长可以劳逸结合

大部分学科的课堂学习和课余作业都是认知训练,调动的是左脑,长时间进行,会让大脑产生疲劳和厌恶,而大部分特长,比如音乐、舞蹈、体育、绘画等,却是在调动右脑。因此,学习与特长的结合能够达到劳逸结合的目的。每天的功课中间或功课之余,练琴、画画、练球等,合理安排好时间,不仅不会影响和耽误学习,还可以促进左右脑调节,帮助孩子提高学习效率,让孩子快乐健康地进步与成长。

Part 7　教育方法

　　鱼和熊掌可兼得，学玩相长，而非对立。家长与孩子一起巧思考、巧安排、巧学习，孩子一定能成为既会学习又有特长的人！

（上海市浦东教育发展研究院　章学云）

02
父母角色扮演中的"大智慧"

"经历风浪的航船,期待温暖的避风港"。无论外部环境如何变化,父母给予孩子的爱和安全感永远是孩子一路远行的支持和底气。也就是说,父母在孩子成长过程中,扮演的最重要的角色应该是温暖慈祥,可敬可亲的。

故事分享

"妈妈,我不想去幼儿园……"青青拉着妈妈,不肯放手。

"宝贝,为什么呀?"妈妈笑眯眯地说。

"幼儿园没有小汽车,没有外婆,没有妈妈……"

"是不是有点伤心,有点舍不得呀?"

"嗯。"青青点点头。

"妈妈知道青青有点伤心,有点舍不得。"妈妈温柔地抱起小青青。

"还是不想去幼儿园……"青青祈求着妈妈。

"嗯,知道了,但一定要去的。"妈妈温和而坚定地说。

"还是有一点不想去。"

"没关系,妈妈知道了,但一定要去的。"妈妈依然温和地说。

……

几个来回，等青青心情平静下来后，妈妈放下青青，笑眯眯地说："宝贝，心里好一点了吧，我们晚上见哟。"

点滴感悟

父母的温暖慈祥，让孩子感到安心、安全，也让亲子关系亲密融洽。但父母在给予孩子"温和的爱意"时，还需要补充"坚定的规则"，这就需要父母们在扮好慈父慈母的同时，还要扮演"威信和原则"这个角色。这两种角色看似有所冲突，但事实上，核心是一致的——得体的"爱"，理智的"爱"。

当然，父母的角色应该是多样灵活的。面对胆怯不敢尝试的孩子，父母可以是"疯疯癫癫"的玩伴，和孩子来一次"大冒险"；如果孩子伤害了他人，父母的"铁面无私"可以帮助孩子了解责任；倘若孩子沉溺不良事物，父母的"当头棒喝"也许是警醒孩子的苦口良药。

正如电影《美丽人生》中的犹太父亲，面对集中营的残酷，他编制了一场"游戏"，扮演了逆境中"永远微笑的小丑"，呵护了儿子的美丽人生。父母扮演好孩子美丽人生的角色，真心需要"大智慧"。

● 温馨贴士

父母如何扮演好不同的角色，拥有"大智慧"？

一、"看见"孩子

"看见"即"发现"和"捕捉"，发现孩子成长的需要，捕捉孩子当下的情绪。正如故事中的妈妈"看见"了孩子的情绪和需要，并报以理解和体谅，孩子的压力也会减轻一半。因此，父母能够设身处地为孩子思考，能够"看见"孩子，解决适应性问题的角度就会大不一样。

二、"相信"孩子

许多时候,父母始终找不到帮助孩子适应社会、适应环境的好办法。其实,最了解孩子的也许是他自己,父母在角色扮演前不妨问问孩子的想法,听听他们对自己的建议。"爸爸妈妈可以帮到你吗?""这件事情你觉得怎么样?"相信孩子,他们会给你惊喜。

为人父母绝大多数都在尽力扮演着不同角色,来帮助引导孩子健康成长。然而,父母们把过多的心思放在孩子身上,而忽略了自身智慧的增长。那么,"看见孩子""相信孩子"只能是纸上谈兵。当父母越有智慧时,父母越关注自身成长时,孩子也会成为像父母一样的人,成为有智慧的未来父母。

(上海市杨浦区开鲁新村第二小学　徐晶)

03
你爱我还是爱分数？

在当前的学校教育中，考试是每个孩子必过的一道"坎"。从小学开始，大考小考不断，家长们也被考试这根"指挥棒"弄得团团转。考好了，心情愉悦；考砸了，满腔怒火；轻则对孩子责骂几句，重则棍棒伺候。诚然，考分的确能反映孩子的一些学习情况，但它不是唯一的标准。英国教育家斯宾塞曾经说过："身为父母，千万不能太看重孩子的考试分数，而应该注重孩子思维能力、学习方法的培养，尽量留住孩子最宝贵的兴趣与好奇心。"

故事分享

"今天晚上我要挨揍了。"听到这句话王老师抬起了头。

说话的是琳妮，这个班级的中队委员，正摇着头对同桌诉苦："我妈规定我考90分以上，90分以下就要挨揍。"

王老师听着琳妮的话不禁想起不久前发生的一件事，琳妮的妈妈在一次测验后急不可耐地联系到王老师，询问琳妮的成绩。王老师告诉她还未出成绩后，琳妮妈妈还再次追问什么时候会下发试卷，看着琳妮妈妈一副不信任的样子，王老师皱起了眉头。许是发觉了点什么，琳妮妈妈立刻解释道，有次测验后发现琳妮有代替家长签名的行为。

耳边听着琳妮的话，脑海中想着她妈妈那天的模样，王老师终于明白了点什么。

点滴感悟

琳妮为什么会有类似撒谎的行为呢？作为家长的我们在教育孩子的时候会不会出现了误区？误区一，我们把全部的注意力都聚焦在孩子的学习成绩上，而忽视了家庭教育中的重要部分，比如怎样做人，怎样养成良好的个性，如何拥有一个健康的心理状态。误区二，我们对孩子太过于苛责，要求孩子只能成功不能失败。误区三，假使孩子出现失误，我们的关注点应该在哪里？我们的反应是不是会打击孩子的自信心？

温馨贴士

有研究发现，在影响孩子学习的各种元素中，孩子的个性特点、学习态度以及行为习惯是主要因素。家长和老师要从以下各个方面着手，仔细观察孩子的学习状况，力所能及地帮助孩子提高学习效率。

一、因人而异，养成专注的好习惯

每个孩子都有自己的个性特征，我们在指导孩子学习时必须知道孩子自身的学习特点，比如他是偏向视觉、听觉还是触觉的学习，了解这些后再予以指导就能事半功倍。孩子的注意力一般比较短暂，年龄越小越不容易集中精力，而专注力又对学习至关重要。家长们可以怎么做呢？首先，要保证孩子充足的休息时间，让孩子有旺盛的精力投入学习，减少因身体原因造成的注意力缺失。其次，孩子在学习或做事时尽量少打扰，减少孩子分心的机会。最后，除了有意识地培养孩子良好的观察力、合适的学习方法外，还可以利用各种小工具来帮助孩子，让孩子有目标、有成就感。

二、享受学习，保持旺盛的求知欲

孩子在学习中没有成就感，享受不到乐趣，学习的积极性就会大打折扣。没有了求知欲，什么都不想学才是最为可怕的。学习过程中的成就感很大一部分来源于学习中形成的人际关系，老师和孩子的关系、父母和孩子的关系。由此看来，我们如果聚焦成绩大于关心孩子本身的努力时，孩子的心就会远离我们，就会很伤心抑或很愤怒地问出这句："你爱我还是爱分数？"那我们到底应该怎么去做呢？研究告诉我们，与其盯着分数，还不如教孩子如何热爱挑战，如何找到失误的原因，如何享受努力的过程，如何保持住自己强烈的求知欲。

三、善于自我管理，有能力才有分数

会学习的孩子往往更善于自我管理。有能力才能有好分数，这里的能力除了一般的学习能力外，还包括责任感、条理性、自制力和对时间的掌控等等。这样我们的孩子才会对学习有明确的目标和兴趣，就算兴趣低也至少有信心学得会。所以，我们的关注点应该着眼于这些地方，而不应该粗暴简单地打击孩子的自信心。应该具体去分析自己的孩子分数低的真正原因，而不是苛求孩子只许成功不许失败。

孩子的世界就在校园，孩子的社会就在课堂。诚然，孩子的成绩的确决定了许多事情，但家庭应该永远是他们避风的港湾，父母应该永远是他们同一战壕的战友，只有这样，他们的人生之舟才能乘风破浪，走得更稳更远！

（上海市浦东新区新世界实验小学　胡洁）

04
"乖宝宝"变成了"愤怒宝宝"

孩子三年级了,我们的爸爸妈妈往往会有这样的困惑:怎么三年级了,孩子却更让人费心了呢?家里的乖宝贝怎么敢和大人顶嘴了……俗话说:三年级是道坎儿。这句话一点儿都没错,因为三年级是孩子成长的一个重要阶段,他们正在从儿童逐渐成长为少年,从可塑性强转向逐渐定型,他们会出现一种强烈要求独立和摆脱成人控制的欲望。因此,我们要更加重视孩子的转变,耐心地陪伴孩子度过成长中的每一个阶段。

故事分享

小伍的妈妈十分爱自己的女儿,照顾得周到细致。三年级了,妈妈觉得女儿越大反而没有一二年级时那么听话了。这不,小伍今天回到家就嚷着要先做感恩卡,说是下周班会要用,不愿按妈妈的要求先完成其他的作业。不论妈妈怎么说,她都只顾自己低头画着。妈妈做完家务发现小伍还在涂色,于是有些着急了。她推了小伍一下,生气地斥责道:"这么晚还没画完!你作业还不做,想几点睡觉啊?"妈妈这么一推,小伍笔一滑,颜色涂坏了,她瞪着妈妈,也大声嚷起来:"坏妈妈!你是坏妈妈!"……

点滴感悟

小伍的行为让妈妈有些伤心，她找老师诉苦："张老师，我并不是不让女儿制作感恩卡，只是希望她先完成作业，也希望女儿每天能保持足够的睡眠时间，这有什么不对吗？你看她越大越不懂事，反而没有小时候听话了，还对着我嚷嚷。"小伍妈妈希望能得到老师的支持，好好批评批评自己的女儿。

其实，如小伍这般，由"乖宝宝"变成了"愤怒宝宝"的事例并不少见。三年级的孩子不再是跟在大人身后的小尾巴，不再对大人的话奉若圣旨，不再因为父母的生气而吓得痛哭流涕。孩子有了自己的想法，有了自己的朋友。他们越来越有主见，心里也会有自己的小算盘，特别是会想尽一切办法来达到自己的目的，这些说明我们的孩子确实是长大了。然而，我们的爸爸妈妈常常沉浸在自己"都是为了孩子好"的出发点里，根本没有想过这是孩子成长的必经过程。在忙碌的工作之余，往往一着急，原本出于"爱"的行为就会被一种不当的表达方式所掩盖。当我们对着孩子斥责时，深深的爱往往被淹没在粗暴的教育行为之中，这样，孩子是很难感受到父母的爱与善意的。

因此，作为父母关心孩子的健康和学习无可厚非，但更要看到孩子的成长是多元化的。在孩子的成长中，让孩子能够感受到父母的爱也是一门艺术。特别是在与孩子说话时，父母要能准确地向孩子传达出内心的想法、愿望，使孩子能够感觉到父母的语言中所包含的关爱和善意。妈妈如果能够直接地、坦诚地把自己的建议或担心她睡眠不足的想法告诉孩子，孩子听到这样的话，多半都会感受到妈妈的深切关心。

● 温馨贴士

要让孩子在成长过程中顺利前行，不是仅仅把道理告诉孩子，而是要让孩子有机会在实践中获得丰富的经验。送大家一些小技巧，只

要能耐心对待,慢慢地,你会发现孩子更加成熟。

一、放手,让孩子积累经验

不要总觉得孩子还小,担心孩子出错,而不厌其烦地告诉他做事情的每一个小细节。请你放手,让孩子独立完成一些事,如安排好自己的作息,让孩子自己尝试,不断积累经验。

二、鼓励,让孩子敢于实践

孩子在尝试中难免会出现错误,而家长的责骂会直接影响到孩子对待错误的态度。当你总是唠叨他所犯的错误时,你和孩子都会因此而倍感挫折。家长需要耐心地鼓励孩子,只有家长对孩子有了信心,那么孩子才可以做得更好。

三、淡定,让孩子快乐前行

虽然有时候你真的很生气,但是你必须学会冷静。不要用命令的语气来说话:"不许再画画了,给我赶紧做作业。"这种方式可能会导致你的孩子更加叛逆,你可以这样说:"先做作业吧,做完以后妈妈和你一起完成这幅画。"你可以改变说话的方式,孩子会更乐于接受。让我们做个有心人,结合自己孩子的特点给予帮助和陪伴,静待花开,让孩子快乐地前行!

做父母的要知道,无论孩子曾经多么地依赖我们,总有一天,他会长大,飞向辽阔的天地,而我们要做的,是为他插上强健的翅膀,让他飞得更高更远更平稳。请我们的爸爸妈妈们转变观念,放下家长的架子,和孩子交朋友、交心,做孩子成长中的"参与者""指导者",尊重和理解孩子。在平凡生活中有心、用心、关心孩子,从而构建出一个和谐的家庭教育氛围,为孩子提供良好的成长环境,帮助孩子健康、快乐地成长。

(上海市杨浦区五角场小学　张敏)

05
批评与表扬的艺术

在表扬孩子这个问题上,家长或多或少都有一些误区。很多家长怕一表扬孩子,孩子就骄傲自满,从此不再努力而荒废学业。在这种心理的支配下,绝大多数家长在该表扬孩子的时候,三缄其口。这样做的结果,是孩子失去了把对的事情继续做下去的热情,也失去了把已取得的成绩发扬光大的动力。其实,骄傲自满的心理状态,是源于无知,而不是表扬。这深层的原因是孩子在内心里选的参照系比较低,他专门跟比他差的人进行比较,因此得出了自己比所有人都强的错误结论。遇到这种情况,家长需要做的是让孩子知道"人外有人,天外有天",进而拓展孩子的知识面。所以表扬是把孩子的动力给激发出来,我们不能因为激发孩子的动力可能伴随有让孩子不知深浅而骄傲自满的风险,就放弃表扬而让孩子失掉动力。

在孩子初次犯错误,并且是明知故犯的情况下,家长可以使用批评这个工具。但是如果孩子身上的缺点毛病是稳定的,已经形成了习惯,那么批评这个工具是不好用的,而且可能会越批评,孩子的毛病越改不掉。事实上,很多家长就是用批评把孩子的缺点毛病给固定下来。在教育孩子的问题上,批评是一个不好用的工具,必须经过系统训练才能使用。

故事分享

一天,小林的班主任周老师把小林的爸爸请到了办公室,将小林最近的情况告诉了小林爸爸,班主任说道:"小林最近的成绩有所退步,上课时注意力也不太集中,有时作业还会漏做,平时下课还会欺负同学。班里已经有好几个同学到我这来告状了,我们老师也对他进行了沟通和教育,希望小林爸爸你作为家长也能配合我们一起教育好他。"小林爸爸忧心忡忡地跟周老师说:"其实我们也关注到了小林最近的变化,在家时也会对他适当地教育,每当他做得好时我们就会马上表扬他,夸赞他,甚至给他奖品或零用钱;如果他做得不好,我们也会狠狠地批评他,甚至给他点颜色看,但是无论我们是批评他还是表扬他,孩子都不听啊,只有老师的话孩子还会听一听。对于我们家长来说,批评和表扬都不灵了。"

点滴感悟

"表扬"是对优良言行的肯定和赞许;"批评"则是对不良品行的否定和制止,但必须要讲究个"度"。在教育孩子的时候,我认为表扬要发自内心,要根据实际情况来定。孩子有进步时要表扬,孩子改正错误了要表扬,孩子已经习惯化的良好做法,表扬就要适可而止了,做到"该出口时再出口",切不可泛滥"赏识化"。泛滥的表扬极易使孩子养成骄傲自满的心理。要让表扬为孩子正确的言行起到强化作用,在孩子的内心深处触动那根积极上进的琴弦,唯有这样,才能奏出华美动人的乐章。

批评,也要慎用,少用。因为有时批评就像一把双刃剑,既伤害了孩子,又使家长自己动怒,结果往往事与愿违。批评要掌握火候,有时要及时,有时要冷处理,有时要态度坚定,有时要含有宽容。经常批评容易使孩子产生逆反心理,造成思维定势,自我否定,失去信心。总之,批评要有理有据,让孩子心服口服,愿意接受,要努力达到家长期望实现的结果。

温馨贴士

一、表扬要实事求是，恰如其分

不要无端地乱夸奖他，否则会使孩子滋长虚荣心和自满情绪，而是要让孩子从家长的表扬中知道自己哪些地方确实是值得保持的。

二、要及时和适时地表扬，不要事过太久

如果时间过去太久，孩子就会淡忘所做事情，不能理解父母的用意，达不到预期的效果。应该在事情发生后当即就给出相应的表扬，并且具体说出哪个方面、哪个点值得肯定。

三、要当众表扬，造成好的影响

要使大家都知道孩子的进步并对其报以赞赏的目光，这有利于孩子的更大进步，使孩子产生成就感，特别是对于以往表现不佳的孩子。

四、表扬要重精神鼓励，轻物质奖励

使孩子认识到自己行为的意义，具有荣誉感、上进心，而不是一味地用物质上的奖励去满足和助长孩子的虚荣心。

五、批评要公正合理，让人心服口服

家长要理智地看待孩子身上的问题，根据问题的轻重以及孩子的态度，决定是否批评以及如何惩罚。

六、批评要摆事实、讲道理，让孩子认识错误

应当指出孩子错在什么地方，也要允许孩子申辩。批评时要一分为二，在批评的同时要肯定孩子的长处，要学会正确地评价一个人。

七、批评要把握时机,掌握分寸

批评孩子要注意时间、地点、方式。不要在众人面前批评,这会使孩子难堪;批评不要在孩子兴致高昂或吃饭睡觉时,这样会影响孩子的身心健康;批评不要絮絮叨叨、没完没了,这样会使孩子感到厌烦;批评不要说绝话、过头话,这样会使孩子感到绝望。

八、要慎重惩罚孩子

家长要考虑孩子的性别、个性上的特征、所犯错误的性质和情节,以孩子接受度为前提施以惩罚。

九、不能破坏性批评孩子

破坏性批评是对孩子自尊心的无情剥夺。当孩子做错了事情,家长希望通过批评来使孩子改掉缺点时,我们把他批评孩子的行为看作一个作用力。当这个作用力打在孩子的行为上,即你的批评针对的是他的行为,孩子会朝你希望的方向去发展的。反之,这个作用力打在孩子的人格价值上,即你攻击的是孩子作为人的价值,将使孩子觉得自己没有尊严没有价值,逐渐使其真的丧失自尊感和价值感。

表扬和批评都只是手段,并不是目的!培养孩子更重要的是我们要知道这样做会造成什么后果,会对孩子有好还是有坏的影响。因此,我们在做一切表扬或批评以前都应该有自己的思量,哪些是应该表扬的?哪些是应该批评的?随意的表扬对孩子来说并不好,随意的批评就更有害了。

(上海市浦东新区航城实验小学 刘月英)

06 第一张名片

四月，当春天的画笔抹过大地，呈现一片生机盎然的景象时，我们却将迎来一次"战役"。还有三个月，孩子就将从小学毕业，为了让他们能有个更好的未来，我们把视线投向了那些自主招生的中学。托关系、通路子、打听考试内容、制作孩子自荐简历……真可谓是全家出动，费尽心思，这一切只为了能让孩子在这一次的考试中表现出最佳的自己。

于是，在各大名校门口，浩浩荡荡的送考家长俨然成了这个季节的又一道风景线。

故事分享

小妍是个聪明伶俐的女孩，她学习成绩优异，课余时间还参加了各类兴趣班，书法、奥数、英语、合唱、舞蹈、琵琶……从小到大，她参加的比赛数不胜数，获得的奖状也是不胜枚举。

自打进入五年级，小妍的爸爸妈妈就开始四处打听自主招生的中学，忙着向人取经，了解如何制作自荐简历。撰写个人介绍、设计简历封面、选择奖项内容，每一个细节小妍爸妈都努力做到极致。就这样，带着这份精美的"简历"，小妍游走在各所中学，最终成功被一所英语特色学校录取。

然而,这份喜悦和快乐却并没有维持很久。进入中学的小妍成绩变得不稳定,人也变得不爱说话。在一次激烈的争吵中,她终于道出了心声,原来她想去一所音乐特色中学。她大声埋怨父母为什么不在简历上面把音乐方面的奖项全部写进去,导致她没有被那所学校录取。

点滴感悟

每一年的报考季,似乎忙碌的总是家长。家长们忙着帮孩子们选择自主招生的学校,忙着帮孩子们制作自荐简历。在汲取成功考生的经验后,自荐简历仿佛成为一块敲门砖,很多人已经忽略了制作自荐简历背后所隐藏的意义。

在忙碌的背后,我们能体会每一位家长的良苦用心,然而,恰恰是这份良苦用心导致了孩子自我意识的缺乏。

所谓"自我意识",是人对自己身心状态及对自己同客观世界的关系的意识。自我意识包括三个层次:对自己及其状态的认识;对自己肢体活动状态的认识;对自己思维、情感、意志等心理活动的认识。自我意识不仅是人脑对主体自身的意识与反映,而且也反映人与周围现实之间的关系。

制作自荐简历是为了让报考的学校能全方位地了解孩子,可它何尝不是让孩子准确认识自己的机会呢。在整理个人学习和所获荣誉的过程中,孩子们可以通过成长过程的回顾,了解自己的成长、进步,认识自身的长处和短处,从而进一步确立自己努力的方向。

要知道,儿童是否能正确认识自己、正确评价自己,将会在一定程度上影响他的社会适应力。所以,当家有小学毕业生准备报考学校时,千万不要包办制作自荐简历,而是应该指导孩子去梳理、制作,因为这是属于他的第一张名片。

● 温馨贴士

一、耐心沟通，共同规划

在父母的眼里，孩子永远是长不大的。因此，对孩子我们总有操不完的心。我们总觉得吃过的苦不要让孩子去吃，我们尽力去为孩子做最好的安排，然而我们却忽略了这样的未来是否是孩子所希望的未来。所以，作为家长，我们首先要做的是和孩子沟通，我们要学会倾听孩子的想法，在此基础上，根据孩子自身的特点来选择适合他发展的学校，然后针对学校特色来准备自荐简历。切记，不要盲目追求名校，要知道适合孩子的才是最好的。

二、大胆放手，鼓励自立

每一个孩子都是一个独立完整的个体，作为家长，我们不可能永远保护他们，所谓最好的保护就是让他们学会自立。如果父母过分担心和怀疑孩子的能力，就会严重限制孩子的发展。所以，家长要让孩子知道，这是他们自己的事情，需要自己去完成。

三、细心指导，提供帮助

对于小学生来说，制作自荐简历并不是一件简单的事情，如果任由孩子尝试"自己来"，可能会使其摸不到头脑甚至可能会弄得一塌糊涂。作为父母，我们应该耐心指导，教会孩子制作的方法，比如个人简历包含了"个人介绍""学习情况"和"所获荣誉"，其中"个人介绍"包含个人基本信息、家庭成员、担任干部情况、兴趣和爱好；"学习情况"包含了学习经历和学习成绩；等等。

当孩子遇到困难时，我们不能一味包办，而是应该通过指导让孩子慢慢学会自己找到解决问题的方法。

每到报考季，自荐简历似乎已成为必不可少的报考资料，很多人觉得这是在拼成绩、拼奖状，其实它更是对孩子自我认识的一种考验。只有正确地认识自己、了解自己，才能更好地规划自己的人生。我们家长所要做的只是沟通了解，帮助孩子认识自己，正确评价自己。

（上海市浦东新区小学教育指导中心　姚琳姬）

07
用心陪着孩子一起成长

众所周知,在孩子成长的过程中,父母陪伴的作用尤为重要。时下的爸爸妈妈,为了孩子也是够拼的——陪吃、陪玩、陪读、陪练……在各种陪伴中,家长站定的是什么位置?有的家长充当助教的角色,努力将自己的经验传授给孩子;有的家长充当仆人的角色,对孩子的要求言听计从,无条件满足;有的家长充当同伴的角色,陪着孩子经历过程,分享感受,适时地提供建议。

高质量的陪伴能使孩子和父母一同成长。反之,会使亲子沟通出现种种问题,理不清头绪,看不到真相。那么,怎样的陪伴才是"高质量"的呢?

故事分享

"妈妈,有人偷了我的新铅笔!"欣欣委屈地向妈妈诉说着。

在一旁陪着欣欣做作业的妈妈说:"你确定不是你自己弄丢的?"

"没有,我去厕所的时候,它还在桌上的呢!"欣欣辩解道。

"你怎么总是这样,我告诉你多少遍了,东西放在课桌里面,你就是不听!"妈妈开始不耐烦起来。

"好了,好了,妈妈你别烦我了!"欣欣大声说。

"不许你这样对妈妈说话,妈妈下班回来,就陪着你做作业。你这小孩子家的脾气怎么那么大,你对得起妈妈吗?"

点滴感悟

欣欣妈妈不耐烦地对女儿一再丢铅笔提出了建议,但是妈妈的态度让欣欣很难接受,由此在妈妈陪伴欣欣的过程中,她们的沟通产生了问题。妈妈和欣欣各自站在不同的角度,造成了沟通障碍。有这样一句广告词:"沟通,从心开始!"当我们把这颗心拿走了,只注重形式和身份的时候,怎么能沟通呢?我是老板,你是员工,没法沟通,我只能命令你。但是,当我们放下这个身份,用心沟通的时候,你就会发现,你是人,我也是人,我们可以沟通。

当欣欣再次丢铅笔时,妈妈一想:"为什么我讲过这么多遍了,她还会这样丢东西!我讲过一遍,她就应该马上改。"殊不知,孩子还小,有些成长过程中的难点,他们并不是马上就能理解并学会规避的。父母陪伴的意义,就在于全然地接纳孩子,站在孩子的角度,耐心地引导陪伴他们走出生命中的难点。

● 温馨贴士

一、全神贯注地倾听

当孩子向你倾诉的时候,请暂时放下你的事情,俯下身,面对面,眼睛看着他,观察他的神情,做好倾听的准备。让孩子感受到你对即将开始的话题非常感兴趣,让孩子知道在你的心里他很重要。

二、感同身受地理解

认真倾听,不要光凭经验妄下定论,像是第一次发现一样,带着好奇心探索孩子要向你传递的是什么，用提问的方式，不断问清楚孩子诉说的问题，努力尝试理解孩子真正要表达的含义，以及他无法逾越的难点。

三、同一个视角看问题

请站在孩子的视角，努力走进他们的世界，体会孩子们的感受，理解他们的需求。和孩子们沟通，成为他们的朋友，同时引导他们向前看，向高处走，陪伴他们跨越生命中的难点。

高质量的陪伴源自你让孩子感受到被理解、被尊重。让孩子视你为亲密的朋友，可以在自己遭遇难处的时候，倾诉心声，这是为人父母者所能获得的最大的成功。

不过，为人父母者遭到的最大的失败却并非被自己的孩子视为对手和敌人，而是被视为上司或者奴仆。做家长的最高境界是成为孩子的知心朋友。

（上海理工大学附属小学　毛剑玲）

08
准备好了吗?
——老师要来家访了

每当小学开学季,有许多新生家长就开始焦虑了,老师要在新生入学前来家访。从接到老师要来家访的通知开始,家长们就开始思考如何准备,怎么接待。家长们觉得这是新生和老师,老师和家长之间的首次交流,一定要留下良好的第一印象,以获得老师更多的关注。如何接待老师的家访就成了新生家长间的热门话题。"准备好了吗?""要怎么准备?"成了家长之间交流时挂在嘴边的话。那么到底家访要准备些什么呢?

故事分享

小昊马上是一名小学生了,他就读的学校很不错,一家人都非常高兴。开学前几天,小昊的妈妈接到了通知,老师要来家访了。小昊的妈妈非常重视,立刻行动起来。她首先上网看帖子取经,没想到不看还好,一看她就不淡定了,网上关于接待老师家访的帖子铺天盖地,从接待家访的穿着、家庭环境布置到聊天的内容等一应俱全。看完帖子以后,小昊妈妈当天晚上就失眠了,她觉得她要准备的东西实在太多了,于是第二天一早,她就决定精心准备以迎接老师的到来。接下来的几天,她把家里布置一新,又让小昊进行突击练习,准备了才艺表演;上网找了好几个聊天话题;可是越准备,小昊妈妈心里却觉得越没底,到最后,她居然纠结要准备什么样的水果;老师进门要换鞋还是给鞋套等细小问题。

点滴感悟

在开学季,像小昊妈妈这样为家访而烦恼的新生家长不在少数,她只是其中的一个缩影,这点在微博论坛和微信群中对家访的热议就可见一斑。在家长的心里,第一次的家访非常重要,家长希望通过这次家访让孩子给老师留下好印象。

小昊妈妈的焦虑反映出新生家长对孩子有着很高的期望值,折射出"望子成龙,望女成凤"的心态,希望自己竭尽全力创造条件,期望孩子获得关注,得到重视。其实,把这种期望寄托在一次家访上,显然是家长对家访的期望值过高了。要在一次家访中让老师全面地了解孩子,让家校在教育理念上达成共识,是不太可能的。

家访只是教师了解学生基本情况、家校沟通、进行教育的方法之一。新生家长需要用平常心来对待老师的家访,将其看作是家校共同努力,让孩子更好成长的途径。

• 温馨提示

那么家访要怎么准备呢?

一、要重视,但保有一颗平常心

老师的第一次家访当然应该重视,这是一种尊重,也是一种态度,潜移默化地告诉孩子,老师是非常重要的人。但对家访完全不必焦虑不安,尽量展示孩子最真实的一面,会更有助于老师了解孩子。

二、要准备，但尽量保持自然状态

对于家访，要有准备，但要把握好度，过于盛情会增加家访老师的压力。

1. 提前和老师约好，并尽量做到父母和孩子一起接待老师。

2. 着装上，不能过于居家，应该大方得体。家里的环境应该干净、整洁。

3. 家访时做到"三声"：来有迎声，老师来时表示欢迎；问有答声，老师的问题，真实地回答；去有送声，家访结束，能送老师到门口。这个过程，孩子应该是主角。

4. 不要让孩子压抑自己的个性，在注意礼节的同时保持自然状态。向老师介绍孩子时，不要只讲优点，应该全面展示孩子的个性特征。倾听老师的要求，也可以将自己的教育理念和老师进行沟通。

家访是老师的一项工作，是全面了解孩子的途径之一。通过家访，老师将观察孩子的生活环境，深入了解孩子，并和家长平等、尊重地进行沟通交流，交换教育理念，形成教育合力，帮助孩子尽快适应校园生活，促进孩子的健康成长。所以，新生家长们，面对家访，无须焦虑，用真诚的态度，真实的状态迎接老师；家访，从"心"准备，信任老师，直面问题，展现孩子真实的一面，让家校紧密联系起来，让家访成为孩子迈进小学的一道助力。

（上海市杨浦区五角场小学　朱利萍）

Part 8
如何帮孩子进行人生规划

家长如何在孩子成长过程中给予支持和帮助，成为孩子有力的后盾？

01
我毕业啦！

——毕业后那个暑假，家长们可以做些什么

小学毕业了，意味着告别童年，那个稚气懵懂的小孩子已长大；意味着他又站在了新的人生起点，家长们可以放下牵引的手，与孩子并肩而行；意味着他将需要负更多的责任，和父母一起来承担家庭的重担！意味着对未来的未知。因此，告别童年，迈向新的人生阶段，除了不舍，更多的是憧憬明天。此时此刻，父母还有哪些叮咛呢？

故事分享

6月的一个晚上，微信群里突然"嘟嘟嘟"声不断，原来是王妈妈张罗着为假期的出游组团。群里你一言我一语，炸开了锅：

"孩子终于小学毕业了，我可以放松了。"

"是啊，每个周末比上班都累。"

"想想以前的暑假、寒假，总盼着孩子早点开学，结束我'长工'的生活。"

"旅游？去哪？我得好好找找。这几年啊，都在赶往补习班的路上……"

"看到孩子一下子就长大，我还真有些不相信。"

"毕业典礼时，相信会哭成一团。毕竟六年的感情啊……"

一石激起千层浪，说起孩子们的小学生活，爸爸妈妈们真是感慨万千。

点滴感悟

进入小学，孩子们过了让人手忙脚乱的两个月幼小衔接适应期后，家长们又忙不迭地谋划着课外补习事宜。家长们一边指责当今教育的乱象，一边加入了补课大军。常听到家长们抱怨："不是在补课的课堂里，就是在去往补课的路上。"亲子关系更是"不谈分数，欢天喜地；一谈分数，鸡飞狗跳"。整个小学阶段，家长们是在跌跌撞撞中被"前辈"、被"隔壁小明"推着往前走的。然而还没明白怎么回事，孩子已经长大。

回顾小学阶段的生活，其实孩子的成长是十分明显和快速的。孩子们度过了习惯养成期，从生活习惯到卫生习惯、学习习惯等；度过了性格养成期，从任性妄为到学会相处，唯我独尊的"小皇帝"也懂得了分享和分担；度过了心理成长期，从恣意哭闹到学会情绪控制，明白了解决问题的是方法，不是脾气；度过了规则形成期，从自由散漫至遵纪守规——我行我素不受欢迎，只会降低效率。在诸多的学习过程中孩子逐渐将自己培养成了一个独立的人。而家长们也在每一次的手足无措、求助和自我摸索中，分享孩子成长带来的点点滴滴和自我的进步，懂得了为人父母的真正意义。

告别小学，步入中学的孩子们又将开始新的学习，他们将会在自我成长的道路上开始新的征程。家长们切莫以为孩子们的学习习惯已养成，学习方法已掌握，心理建设已稳定，亲子模式已稳固，我们就可以放手了。其实在小升初的阶段，孩子们依然是迷茫的。因此，我们的角色要从引路人变成同行者。不仅是给予他们支持、陪伴，更重要的是给予他们强大的支撑。

首先，孩子们又将面临一次难舍的分离。六年最纯真的童年时光，又将在这个站台告别，所以他们的内心是不舍的，是痛苦的。

其次，面对新的群体、新的学习环境和新的学习内容，他们是恐慌的。独自面对这一切，再也不能像小学生那样以哭来解决很多问题，以无邪来向

任何一个人求助。顶着长大的帽子,他们自设了一道墙。

最后,小升初阶段正是青春期萌芽阶段,敏感、多虑又自信自负,身心带来的困惑纠缠着他们,他们常常会处于矛盾的漩涡之中而难以自拔。

● 温馨贴士

一、一场谈话

恭喜孩子小学毕业,对他小学生涯的成长给予肯定。进行一场表格式谈话,罗列出初中和小学生活的差异。畅谈父母的、同辈的初中生活,其中不乏初中将面临的变化、困难等等。通过表格呈现,让孩子自己去感受和认识到小学和初中的不同,做好心理准备。

二、一项运动(爱好)

提倡孩子培养自己的爱好,比如运动项目、音乐、乐器等,既可以强健体魄,提高身体素质和艺术修养,也是扩大人际交往的一个良好的途径和需求。同时更是满足了孩子学习之余调节心情,让自己变得愉悦的需求。

三、阅读课外书

鼓励孩子多看课外书籍,博文强记,不做书呆子。阅读不但是为初中阶段的深入学习做好准备,更为成为一个有趣的人、有内涵的人做准备。当与人交往时,博学的人会有更多的谈资,能更快进入话题,融入集体。

四、一次远足

和孩子们谋划一次远足,到大自然中放飞自己,呼吸新鲜的空气,感受大自然的美好。同时,这也是改善亲子关系的良机,增加一

Part 8 如何帮孩子进行人生规划

次不同视角看世界的体验。

五、适当预习

对未来的初中学科做一次全面的了解，看看教材的例题，或者带着疑问开启一段新的学习旅程。同时，也对自己的薄弱环节做一个修补。

六、一份承诺

面对即将开始的新征程，和孩子一起做一个恰当的规划，关于学业或成长，并落实于一个个小目标。与此同时，告诉孩子在成长的道路上，所有的变化和挑战，父母一定和他们牵手同行，给他们支持与帮助。

"毕业"是一个敏感的词汇，孩子们内心五味杂陈，既有对未来的向往，又有对童年的怀念，还有对人生六年中最纯真情感的不舍。然而，小学阶段只是人生路上的一个驿站，当我们和孩子们一起在这个驿站休息的时候，不妨也反思一下，在孩子的小学阶段作为家长的教育得失，以便于寻找到更适合自己孩子的发展目标；静心和孩子一起做一个学习规划；同样，面对刚升入初中的孩子，家长也要调整心态，改变指导方法。只有双方共同努力，家长才能更多地给予孩子们成长的支持和帮助，成为孩子们的坚强后盾。

（上海市浦东新区明珠小学 钱萌）

02
初心不改

——小升初的择校都需要做哪些准备

小升初择校，牵动着每个家长的心，特别是进入毕业季，家长们更是进入了戒备状态，个个全副武装，小升初像一场没有硝烟的战争。家长们既怕自己没有正确解读相关政策、错过了相关信息，又怕为孩子选错了学校，影响了孩子的一生，这种矛盾的心理折磨着家长们。

故事分享

傍晚，教室的一角灯火通明，一个主持人在讲台上讲着什么，下面的听众都在认真做着笔记，也不时有人窃窃私语："那么难啊？""要那么多证书？这可怎么办？"也有人提问："老师，某某学校怎么样？""老师，他们会考些什么？""老师……""老师……"原来这是应届毕业班的家长们在向上届的家长们请教小升初的相关问题。一石激起千层浪，家长们对孩子小升初的焦虑展露无遗。这一夜，对很多家庭来说都将是一个不眠之夜！

点滴感悟

择校，就像个无形的影子，从三年级，家长们选择课外报班、参加竞赛之时开始，就成为家长们三句话也离不开的一个关键词。家长被这种氛围包裹着，焦虑、担心与不安成为日常生活的一部分，究其原因可能主要有以下几点：

首先，"比较"心理。在孩子们小学阶段，相互"比较"可以说或明或暗地成为家长们交流的一个主要方面，从比学校、比成绩、比是否当小干部、比特长开始，真是"比比皆是"。

其次，教育资源的不均衡加剧了我们家长对孩子未来教育的恐慌。家长普遍认为"好"学校，有良好的师资、硬件和严谨的校风、学风，也愿意相信"近朱者赤，近墨者黑"：在好的学校，良好的学习氛围下孩子会耳濡目染。

再次，我们作为家长可能会坚信"一所好学校，造就一个好孩子"。潜意识把孩子的学习成绩、人格完善、道德养成都托付给了学校，认为只要被名校录取，就万事大吉，而这往往会忽略孩子发展的其他重要因素。

如何缓解择校时的焦虑与不安，理性地择校，使得择校能够真正实现孩子们长期的成长与发展目标，是我们小学生家长都要面对的问题。

> ● **温馨贴士**
>
> **一、全面了解孩子与学校的情况，理性与客观地进行分析，做好充分准备，降低焦虑感**
>
> 1. 了解所选择学校的教育理念和特色。对学校的师资、学风、校风、教育理念和特色、学生的学业以及升学情况做一个全面的了解。
>
> 2. 对自己的孩子的特长、学习品质有一个客观的分析。对于孩子能否适应中学生活有一个准确的分析，从学生的适应性、匹配度，到学生发展的特点及最终想达成的一个目标等做一个整体分析，综合考量。
>
> 3. 与孩子一起商量。将所了解的情况与孩子一起分析。在分析的过程中，让孩子对新学校的教育教学理念有一个初步的了解，明确

自己的优势与劣势，明确努力的方向，尊重孩子的想法，在达成统一意见的过程中，促进孩子自我责任感的培养。

二、制作一份合格的简历

根据学校的要求，进行相应的准备。比如说可以制作一份包括以下内容的简历：

1. 封面必含三信息：个人基本信息、学校和联系方式。

2. 一封自荐信，以自己的特长与学校的教育理念相匹配最为适宜。

3. 个人信息表，户籍、获奖情况表（按市、区、班的顺序罗列，以重大奖项为宜，并配有几张相关的照片）。

4. 班主任推荐信：特意找班主任老师写上评语，无论是机打还是手写，须签上大名更具诚意。

5. 成长手册：复印四、五年级的成长手册。

6. 个人风采展示：内容包含全面发展的个人特长和参加的社会公益活动等，有图有真相，照片为宜。

"孟母三迁"的故事强调了环境对人的影响，而"孟母断织"的故事更强调了家庭教育的重要性。因此，择校是孩子成长过程中第一次参与决策的机会，要把握这样的机会，充分尊重孩子的意见与想法，培养孩子的责任意识。同时，提升父母自身的素养也很重要。孩子就像是一面镜子，父母的一言一行，都会在孩子身上反映出来。所以，作为家长，我们始终不能忘了我们教育孩子的初心是为了他们的终生修养。

（上海市浦东新区明珠小学　钱萌）

03
寄宿学校选不选

望子成龙的心态使得每个家长都希望自己的孩子比别人"跑得更快些,走得更远些",这就使得每年的小升初招生成了一场没有硝烟的名校入学争夺战。为了获取进入优质初中的机会,越来越多的家长希望自己的孩子能在"寄宿"生活中收获成长。然而,并不是所有的学生都适合寄宿的。下面就结合实际案例,分析走读和寄宿的利弊,看看你的孩子更适合选择哪种方式就读。

故事分享

王奶奶家有一对双胞胎孙子,儿子、儿媳都是外企高层领导,经常出差,国内国外到处跑。照顾两个孙子的重担就落在爷爷、奶奶的身上。眼看两个孙子就要小学毕业了,到底是就近入学,走读上公办初中,还是去寄宿制学校上学,一家人产生了分歧,意见不统一。

儿子觉得父母年龄大了,照顾两个孩子很辛苦,想让孩子上寄宿制学校。一是因为寄宿学校的教学质量要比公办初中的好;二是能减轻二老的负担,让父母安享晚年;三是平时父母太娇惯两个孩子,想让孩子上寄宿学校锻炼自理能力。

王奶奶则很担心。因为两个孙子从小生活在自己身边，习惯被照顾，什么都不会做，一下子寄宿在学校不能适应，害怕孩子吃苦。再加上退休在家，儿子、儿媳工作忙，经常见不到人，有两个孙子在跟前，也热闹一点。

一老一少争执不下，谁也说服不了谁，到底该怎么办呢？

点滴感悟

一、寄宿的优点

1. 家长正处于事业上升期，平时工作忙，没有时间照顾孩子，把孩子送到寄宿学校省事省心。

2. 寄宿能锻炼孩子的适应能力、人际交往能力和独立处事的能力，增加同学间交流和相处的机会，同学间感情会比较好。

3. 寄宿学校的学习时间无形中延长了，学习上有不懂的问题，可以与老师同学一起探讨交流，及时得到解决。同时也保证了睡眠时间，避免上下学路上的交通意外。

4. 寄宿可以减少亲子间矛盾和争执。初中的孩子正处于青春期，容易逆反，平时寄宿在校，家长与孩子接触的时间少，既减少了矛盾的产生，又让大家都彼此珍惜相处的时间，更能体会到亲情的可贵。以一周为单位，前五天在学校感受磨炼教育，后两日回家更能享受父母的爱，就是所谓的感恩教育。

二、寄宿的缺点

1. 寄宿对部分孩子的心理会造成影响。从年龄上来说，小学到初中这个时期的孩子最需要多多交流，寄宿容易让孩子心理上产生被冷落、被忽视的感觉，同时有可能伴有焦虑感产生。

2. 自控（制）力不强的孩子不宜寄宿。寄宿生的学习、生活都要自己做主，虽然有老师的教育和督促，但不可能对每位学生都进行充分沟通和全面关怀，有些自控（制）力不强的孩子可能会觉得可以不再受家长的约束了，容易产生放纵的情绪，这会给他们带来一定的负面影响。

3. 寄宿容易造成家庭教育的缺失。孩子平时寄宿在学校，与家长接触时间少，父母对孩子潜移默化的影响减轻，弥补学校教育的作用减少。很多在学校发生的事情，尤其是被室友孤立、被冷落等冷暴力行为，容易对孩子的内心产生影响，家长却很难在第一时间知晓。

温馨贴士

一、长辈溺爱选寄宿

如果爸爸妈妈工作特别忙，孩子的自理能力差，带孩子的爷爷奶奶或外公外婆特别宠爱孩子，家长最好送孩子到寄宿制学校。现在多数孩子都是独生子女，溺爱孩子的父母或者隔代教育很容易产生教育弊病。如果放任孩子放学后出去玩，孩子很容易被动受到负面影响，形成恶习。而在寄宿学校里，孩子远离了社会不良因素，老师专业和及时的指导能关注到孩子每个细节，调皮的孩子、叛逆的孩子都能得到照应。有规律的生活不仅有助于青少年的健康成长，也能促使其形成良好的生活习惯。

二、性格孤僻选寄宿

寄宿制学校有利于锻炼学生的人际交往能力。现在的孩子绝大多数是独生子女，他们与电视、电脑等事物接触多，与成人接触多，而与同龄儿童共处的时间少、空间少，这样不利于学生宽容心态的形成，不利于孩子与人和谐相处。在寄宿制学校里，学生在正常的学习之余，还能和同学们一起嬉戏，体会相互间的关心与关爱。

三、这些孩子不宜选寄宿

1. 过于任性、固执的孩子不宜寄宿。有些孩子在家被溺爱、骄

纵惯了，难以融入集体生活，会影响别的孩子。比如说，有的孩子就是不遵从学校规定，生活没有规律，会直接影响到同寝室同学的学习和休息，这样的孩子就不适合集体生活。

2. 体质差易生病的孩子不宜寄宿。有的孩子有心脏病、癫痫、严重哮喘等疾病，随时可能发作，必须有家人在身边观察和照顾，一旦寄宿，晚上发病，后果不堪设想。

3. 有分离焦虑，对家长过分依恋的孩子不宜寄宿。有的孩子性格内向、不善表达、心理脆弱，时刻需要得到家长的关注，碰到心理问题要及时疏导，这类孩子建议走读。

到底是选择寄宿制学校还是走读式学校，家长应根据自己家庭和孩子的实际情况客观分析，做出适当的选择。家长不要一刀切，盲目跟风。对于具有很强的独立、自我管理能力的学生来说，寄宿制学校是一个比较理想的选择。那些从小依赖惯的、不能适应新环境的、家境不理想的学生，除非家长有在外工作无暇照顾子女等不得已的原因外，并不提倡他们寄宿。

（上海市浦东新区华高小学　张琪娜）

04 民办初中

——让人欢喜让人忧

每年春节一过,小升初的硝烟开始弥漫,访问各所民办初中网站的人数便会以几何倍数递增。几所热门初中更是有被挤爆的趋势。究竟要不要考民办初中呢?近几年,家长论坛里流行起这样一句话:"初中不读民办,高中只能读民办。"由此可见民办初中在人们心中的地位了。

作为小升初学生的家长,在这样的浪潮中起伏跌宕,真是"几家欢喜几家愁"啊。那么到底要不要削尖脑袋向民办初中钻呢?下面的故事也许会给大家一些启示。

故事分享

就读五年级的小凡在班级里并不起眼,个性鲜明的她甚至并不被老师所喜欢。但小凡的父母从没有放弃过对她的希望和培养,在她二年级的时候,他们就制定了明确的目标——考民办初中。为此,他们给小凡报了奥数班、英语班,四年级还报了"小五班"。另外,从四岁起,小凡的父母还着重培养了她的一项音乐技能——拉小提琴,到五年级时小凡已经考到十级证书。据小凡的父母说,这是为了在将来的小升初乃至考大学的时候有加分的机会。另外,小凡的爸妈还是各大家长论坛的活跃人物,各所民办学校的招生

信息，甚至各项比赛"牛娃"的姓名他们都会如数家珍地讲述出来。

五年级寒假一过，小凡的父母便为小凡制作了精美的简历投到了几所心仪的学校。说来也巧，有一所比较"牛"的学校还真是因为小凡出色的小提琴演奏，邀请她进校乐队而录取了她。

进入初中以后，小凡成了乐队的第一小提琴手，被乐队老师捧在了手心里，逐渐小有名气。小凡的自信心也开始提升，学习成绩也不断提高，期末考试还进入班级前十名的行列。

小凡的爸妈成为论坛中热门人物，很多人向他们讨教经验，小凡妈总结说："在小升初大战中，目标和信息都很重要。知道自己孩子的优势和劣势，了解不同学校的特点和招生方向，提早做好准备，才有成功的希望。"

相对于小凡的成功，小明的小升初之路更加引人思考。

小明是个聪明的男孩，在班级中也算名列前茅。考初中时，小明还算比较顺利地进入一所"大牛"民办初中的理科班。因为理科班学的内容比平行班要多，所以小明每天的作业都做到很晚。由于考入这所学校的都是各所学校的尖子生，所以小明的成绩在班级属于中等偏下了，这让他感到很受挫。另外，由于离家比较远，小明选择了住校。以前在家里小明的一切都是长辈打点，现在在住校小明一下子不适应了。他感到压力很大，早上起不来，晚上睡不着，课堂上却昏昏欲睡，心情也变得越来越暴躁。终于，在一次和班级同学大打出手之后，班主任叫来了小明的父母，让他们带孩子去看心理门诊……

点滴感悟

到底考不考民办初中？这成了许多小升初学生家长面前的一道必选题。相对于公办初中，民办初中在硬件和师资上并没有明显的优势，但由于体制的原因，民办初中具有更灵活的经济管理机制和更多元化的教育理念。有些个性突出的孩子，也许会在这样的教学理念培养下，发挥潜能，改变人生。

由于可以自由选择学生，民办初中的生源在一定程度上得到了保证。所以学生的素质和能力会更高一些，学校的学习氛围也会更加浓厚，这些都为中考提供了一些良性保证。这也是一些优秀民办初中一直保持良好的升学率，备受家长和学生青睐的根本原因。

当然，并不是说考入民办初中就上了一道保险，对学生的发展就百利而无一害了。因为不同的学校有不同的文化，在学科方面也各有侧重，所以对于一些适应不良的学生而言，也许还会带来一些身心的伤害。另外，民办初中在收费上比处于义务教育阶段的公办初中高出许多。所以，究竟要不要读民办初中，最终还要综合各种因素，做出理智的选择。

● 温馨贴士

一、充分了解自己的孩子

每个孩子都是独立的个体，都有不同的性格特点。作为家长，我们要多与孩子交流沟通，知道他们个性是属于内向的还是外向的，了解他们在学习上的优势和劣势，知晓他们的兴趣爱好，甚至走近他们的内心，分享他们对未来的希望和梦想，这样才能理智地站在孩子的角度，和他们一起选择未来的方向。

二、尽量详尽地了解学校的特点

选择学校，其实不是选择学校的名气，而是认同这所学校的办学理念和教育目标。每个区都有为数众多的民办初中，他们的办学理念和教学风格都会有很大的区别。而报考民办学校又是一个双向选择的结果，所以，在明确考哪所学校之前，可以向管理机构、学校教师或者该校的学生和家长了解一下这所学校的情况。除了了解中考分数之外，还要了解学校的校风、作息时间，作业的强度，教师的态度，甚至饮食、卫生、安全保卫等细节的内容，以便做出理智的选择，并帮

助孩子尽快适应学校生活。

三、和孩子一起为自己的抉择负责

择校是双向的选择，结果会有许多种可能。

有的孩子可能会有几所学校同时录取，那么在选择学校时，无论最终做出什么样的决定，最好都让孩子一起参与，并且不因后面遇到的没有想到的情况后悔。

有的孩子可能被自己并不看好的学校录取，此时，要冷静地分析，学会果断地放弃，不要因为"要抓住最后一根救命稻草"的心态选择了不适合自己的学校而留下后患。

另外，也有的孩子在做了多种尝试之后，没有被任何一所学校录取，此时，他们更需要家长的支持和鼓励。我们不能因为这些就否定他们的能力和付出的努力，而要鼓励他们在公办学校中，发奋努力，发挥自己的优势，在中考时再凭借自己的实力考入理想的高中。

人生有许多选择的机会，小升初，是否选择民办学校，也会有不同的声音。重要的是，我们要根据自己孩子和家庭的实际情况进行选择。而且，并不是所有的民办初中都比公办初中好，所谓好的民办初中也并不适合所有的孩子。所以我们首先要摆正心态，抱着多一种选择多一条路的想法，让孩子在报考民办学校的过程中多一种人生体验，多一条锻炼能力的途径。我们要坦然接受一切结果，笑对接下来的学习生涯。

（上海市浦东新区福山证大外国语小学　温丽娟）

05
适合的才是最好的
——如何选择孩子的兴趣班

兴趣班最主要的是为孩子提供一种环境和气氛，在活动中帮助孩子发展兴趣，使其综合素质得到提高。如今的孩子大多是独生子女，兴趣班无疑给他们提供了一个人际交往的环境，能接触到更多的小朋友，对孩子来说大有裨益。然而现在兴趣班真是五花八门，令人眼花缭乱。面对众多的选择，许多家长显得手足无措，想报这个又担心错过了那个。那么，究竟该如何帮助孩子选择适合他们的兴趣班呢？

故事分享

"孩子她爸，你快看这个广告上说，学习数独可以有效开发孩子的智力。我感觉小宝的数学不太好，报一个数独班说不定对提高小宝数学成绩也有好处呢。"小宝的妈妈兴奋地说。爸爸看了眼广告，摇摇头说："可是，小宝已经在学跳舞和儿童画了呀，哪还有时间学数独呢？""这算啥，隔壁老孙家的孩子，人家报了五门不同的兴趣班呢，我们可不能落后了！"妈妈不甘示弱地说。在一旁做作业的小宝听了妈妈的话，轻声嘀咕道："可是我一点都不想学数独，也不想学跳舞和儿童画，我想学溜冰。"妈妈皱着眉头说："小孩子懂啥，学体育要吃很多苦的，你身体本来就不好，还能指望你

拿奥运冠军吗？"听了妈妈的话，小宝把头埋进了作业里。

点滴感悟

生活中有不少家长像小宝妈一样在选择兴趣班的问题上陷入了误区。有的家长根据自己的爱好为孩子选择兴趣班，自己更有参与感；有的家长喜欢"跟风"，看到社会什么科目比较热门，或者邻居的孩子都在学，也给自己的孩子报了名；而有的家长则鼓励子女去学习家长不擅长的爱好，并希望子女能做好。这些做法都很有可能使"兴趣班"变成"兴去班"。

● 温馨贴士

建议家长选择兴趣班，应多从以下几个方面考虑。

一、尊重孩子的意愿

首先，做家长的要明确，是"给孩子"选择兴趣班，而不是"给自己"选择兴趣班。兴趣班不是家长在上，不是要问家长喜欢什么，而应该搞清楚的是孩子的想法和感受。

二、发现孩子的优势

为孩子选兴趣班，要依据孩子的天赋、特长。孩子在擅长的领域学习表现更突出，易获得老师和小朋友的赞赏，孩子对学习项目才更有兴趣，这样孩子的表现得到了"正强化"，形成良好的循环。所以在选择兴趣班之前，父母平时要细致地观察孩子，看他的兴趣和长处在哪，然后据此来给孩子选择兴趣班，不要把自己的意愿强加在孩子身上。家长可以在语言、思维、观察、记忆这些方面，将自己孩子和其他同龄孩子比较一下，看看孩子在哪些方面占优势，哪些方面还需要加强。最后选择可以让孩子"扬长"的培养项目，促进孩子优势能力的进一步发展，提升孩子的自信。

三、要适度适量

给孩子选兴趣班，应坚持"适度适量"原则，让孩子拥有一两门特长是好事，而且从长远发展来看，那些有特长的孩子往往生活得比较快乐。但是，把所有的好东西都强加在一个孩子身上，孩子也会消化不良。贪多求全，盲目跟风的做法不可取，弄不好还有可能花了钱、花了时间、花了精力，却竹篮打水一场空，甚至破坏了孩子以后学习的信心和欲望，得不偿失。所以，报班还要考虑孩子的承受力和情绪，孩子和父母精力都是有限的。不要让兴趣班把孩子的休息时间都占满，这样不仅会让孩子筋疲力尽，而且还会使孩子做事不专一。建议同时最多报两个班。

参加兴趣班的目的是让孩子产生兴趣，使得原本的优点更优，长处更突出。如果孩子在某方面有弱点，爸妈不要强迫孩子去相应的兴趣班，否则孩子容易因自卑而显得更加弱势。另外，也不要盲目跟风，选择兴趣班也要因人而异。简而言之，选择兴趣班，就是适合自己孩子的才是最好的。

（上海市浦东新区临沂二村小学　孙妮）